© Copyright 2020 - All rights reserved.

The content contained within this book may not be reproduced, duplicated, or transmitted without direct written permission from the author or the publisher.

Under no circumstances will any blame or legal responsibility be a help against the publisher, or author, for any damages, reparation, or monetary loss due to the information contained within this book.
directly or indirectly

ENVIRONMENT WORD SEARCH Puzzles

ENVIRONMENT #1

```
F F B W F F P P D I U R R Q P R H O Q E
S T E U F W W I S K M G Z X A R G S H Z
V K O M R C M C L E A N R A I R L A C T
I U Y L O G O S P O L L U T I O N I W O
I S F O F M L G O O T C E Q Y S H R H X
Y U M H B U F F V U E F C A S A G Z X I
B F I Y Q K Z O H H R G A O M M R B A C
E O C U F Q E Z P V N R W K R A E N J R
W A U P S S F A E G A E T L B I E T M Q
E J E H V C L I M A T E L C H A N G E N
S G O M X C I R I B I N N Z A M H E P T
V J U O C W N L S A V A I Q B A O G A V
H S N B V Z T Q S T E N N P I Z U Z V B
H A Z E F C S U I E T E L M T O S C H F
N P Y O K Q I A O M E W I G A N E Q F Y
L Q L V C O W L N E N L K R T F R B K P
W H O V M U C I S N E D S U L A G C T M
R K P N Q X M T H T R E P X U G A D U B
O C E H F J E Y Z Y G A C P K N S Y B H
N Y W W J F Z S B K Y L L C X D R V V I
```

ABATEMENT
AMAZON
EMISSIONS
GREENHOUSE GAS
POLLUTION

AIR QUALITY
CLEAN AIR ACT
EPA
GREEN NEW DEAL
TCEQ

ALTERNATIVE ENERGY
CLIMATE CHANGE
FLINT
HABITAT
TOXIC

CLIMATE CHANGE #1

```
Q E R T P L P P R U Y H C N I A B B H B
A M F G R E E N H O U S E Z G A S N T S
C A R B O N R D I O X I D E T T I F I
G Z Y F X J O T E E X U B D C C T M I N
E B S Z Y W S R C E F X P P Y S N B C R
I D N O Z A M T O R N A D O F P E Y A X
K F N Q I T F K R O Q S S G D U M U R K
H Q Z U N E Q U A L Y H E A T I N G B Y
V C T N D R K X L J U S M M G F K W O F
W V F G I E B X C I T W B E L R N I N O
X I N B C V A I B E O R G T B F Z R N S
R G X C A A G R L V P N B H H K K O F S
G D W D T P X Z E R O W A S T E Y O I
T Z T U O O R C A P G X V N K G I Z O L
O R I H R R B H C V R Z Z E U L Z O T X
W L U S O K S C H L A V N I N A I Y P F
O T E Q Q R P O I F P E C X D C V X R U
X T A F F X E E N H H I C K B I S N I E
K Q F Z W H C U G P Y A L Q C E T U N L
D R A O X S C K Y C E K I R R R B C T O
```

CARBON DIOXIDE   CARBON FOOTPRINT   CORAL BLEACHING
EL NINO   FOSSIL FUEL   GLACIER
GREENHOUSE GAS   LA NINA   METHANE
PROXY INDICATOR   TOPOGRAPHY   TORNADO
UNEQUAL HEATING   WATER VAPOR   ZERO WASTE

CLIMATE INTERACTIONS #1

```
V K R Y D G Z A F P X P W G K M V S Q S
U F X R V W J S G Z B W Q X X I C W Y V
R N I X J H Y Y V G C W S Q E N F U Y G
V P L M C D P G B U Z Y M W M D G C M N
X L L P Y G R G T A H D P K A G R P F H
J Y G G P G E C M D U E F Z T T E L T C
N D L O G R C R I E F V C E M R E A H J
N T O L F E I G Y R V V L T O O N T E L
N G B Q M X P N L X Z B I O S P H E R E
Q J A G X Q I G M A Z J M R P O O N M V
G U L F G S T R E A M H A N H S U T O A
F M I C C E A W S V M Q T A E P S E P P
T R P J D H T R O Z Y M E D R H E C S O
M V A Z X X I X S F I Q E O E E S T P R
T I T F I Q O C P O Q M E Y I R E O H A
T X T U E M N H H C T L F X Z E F N E T
K J E H B C S D E N S I T Y M Q F I R I
O I R D I I D C R Y O S P H E R E C E O
G Q N E W V Z W E Z I W Z X L T C S B N
R R O N X O L T X W Y O S D B Y T M S I
```

ATMOSPHERE BIOSPHERE CLIMATE
CRYOSPHERE DENSITY EVAPORATION
GLOBAL PATTERN GREENHOUSE EFFECT GULF STREAM
MESOSPHERE PLATE TECTONICS PRECIPITATION
THERMOPSPHERE TORNADO TROPOSPHERE

POKEMON SUN AND MOON #1

```
P E K K S Y X X D C T Q W F G K C Z G B
C C B V M Y R Y O N L P F S X X J O H P
H B M M H W D N B Z B W N R P U T T W H
J A S X O Z Z T T A P U L E L E U L D E
N G P L A V A F A S S N I H E L G O D R
O O G W Q Q V G P P H Y T A P U K O K O
R A I D Z Y V W U G S D T V M P T L K M
K Y D A P R O V B V O N E C R O Z M A O
X N U W Z B N L U O J B N X O P K A R S
M R E F N P N U L G E N A C W P J R T A
Z N F J G S X D U U X D S E L L S S A J
E G S S T Z M B U Z Z W O L E I F H N B
D S S W V Q S B V Z U T L E T O T A A Y
X A K U Z S T R N L I Z G S E J L D J W
D Z Z B F I O A Y O X H A T W W A O N O
W V G O A E L G Y R R D L E M O F W C O
F I J H U J O T U D F K E E X P V L K W
A U G R E K F Z T Z H M O L R D A E C K
P G A H K G Z V U S I I G A T K E K T K
D K R R F D A V E C B B V A P C F I M O
```

BUZZWOLE   CELESTEELA   GUZZLORD
KARTANA   LITTEN   MARSHADOW
NECROZMA   NIHELGO   PHEROMOSA
POPPLIO   ROWLET   SOLGALEO
TAPUBULU   TAPUKOKO   TAPULELE

ACTS OF NATURE #1

```
K M E K T P U D C Z T H C L Y X I T B O
K I M W C J S S V D J U G C M R Z H L P
S Q A E E F U Z Q K I W Q W U K M L I X
P P E Y N E G I K E B A T S R E H C C U
L A P R M E K H X M O P Q Z Q X N R F M
E O P H M R O V U W L O W U X I Q M O F
Q O U W Z G E T C V N V Q Y A S U X K H
Z H H U K L V Z B O S U Z X I J L F M B
S H N Y D O F P L U N A R E C L I P S E
H K I Y F Z N G Q M T I D A L W A V E W
Y T P J P R P Y I C W H U R R I C A N E
R S F A T H S U N L I G H T O R N A D O
H Q E Z P T N L L O N R R H M H O B E L
S L Y H T R O W B U D V X Q O E H L S M
Y C C V Q T W C L D S T S U N A M I E B
I N C Q V A F W G Y T O F A S T E Z R A
B D Z L F L A V N I O Z Z K O W T Z T I
O Q K L X E L U A Z R S M E O A E A O Q
O F P Y I U L T A L M R R M N V O R C G
W V C U Y W W O C U R E J F H E R D M H
```

BLIZZARD	CLOUDY	DESERT
EARTHQUAKE	HEATWAVE	HURRICANE
LUNARECLIPSE	METEOR	MONSOON
SNOWFALL	SUNLIGHT	TIDALWAVE
TORNADO	TSUNAMI	WINDSTORM

ENVIRONMENTAL SCIENCE #1

```
D X M U R B B Q J L T B B O W E B N G W
C J W O C F W C F T W Y K O R R C D C L
D H N F F O F Y L N C W U B W X L V E T
I F F M T T L Z N Q B R W P R T U V M W
V A C P F W P U L J Q A X P L W N U K L
N B D P Z H O U Q H W V C S Z F V N X J
N E G C O K Q U X B E C R C X R J T V W
B W I U Y K N I G K S P E C I E S C I D
G T A B I O T I C X F A C T O R A O A G
Z P E V Y G R Y G Y M N O S P E R M M D
D O B Y D F L U F C L I L E R C E M P S
Z P H O S P H O R U S T I E O O S U H K
S U X I A Y C Q W Q B R E D T S I N U U
C L I M A X M J I U T O P S I Y S I G P
Z A B T H P R C Y A O G E X S S T T T U
H T R O P H I C L E V E L S T T A Y F A
D I C J E V M T O D Y N S H P E N N C H
V O T R L J G J S O M L Q S M M C H D H
H N Y H B Q A R C H A E B A C T E R I A
D T K M R O C S R R K C Q B K K D Q P C
```

ABIOTIC FACTOR
COMMUNITY
GYMNOSPERM
POPULATION
SEEDS

ARCHAEBACTERIA
ECOLI
NITROGEN
PROTIST
SPECIES

CLIMAX
ECOSYSTEM
PHOSPHORUS
RESISTANCE
TROPHICLEVEL

GLOBAL WARMING UPDATE #1

```
I S P B T K H U N V L I C G R F G Q L
H I E V C Q P S X B F Q O U P S M Q K W
C V K D L E T W A S B Y N M Z A W U G W
Y D K P U N Q D A N C U D L T R G M V W
M G M C R J T G Y N P E U F S X T J V M
J K I C E A G E P A M I C P H D Y S Z N
L O N G L I V E D O O I T E D Q Q O C J
S W D Z W G J X S X F F I I B A L N Z T
T H U F G E Z Z H F L O U R O B T Q E
T Z S H O R T W A V E E N K J D H O A O
Y Z T G C V A S T S E L I R X U R F F Y
S T R O N G E R M M D E B M X K Y V E
R R I M H B J C O M B B X O F M E D P A
A W A R M E R O S R A D I A T I O N R J
H B L A N K E T P Z C A R B O N E O B F
A N U E L L B Q H Y K Z B R E E J K C J
W W L V C O N V E C T I O N F B H Z M Y
W I N N V N I T R O U S O X I D E V A Q
P K C Q C W H A E E D T V U H U G J N J
F T X B G C F H N Y J S A R F R L C N Q
```

ATMOSPHERE
CONDUCTION
FLOURO
LONGLIVED
SHORTWAVE

BLANKET
CONVECTION
ICEAGE
NITROUSOXIDE
STRONGER

CARBON
FEEDBACK
INDUSTRIAL
RADIATION
WARMER

SOILS IN THE ENVIRONMENT #1

```
W R E F O J D T O A S I T K F U P X C X
K P S F I R C L T W W P Q I Z U Z Y J C
R Z O Q G T C V M W E C K G Z L B K Q Y
T L C G J Y Z C C F K I J A G K J H A Z
C R F O K D Y C L T V S A N D W R U V H
P R Y C R S W E A T H E R I N G P M Z M
T R G N Z Y N C Y Y K D M S S O X U Z J
B S D R B H J H C N T I D R O C K S H Z
Q L W N K Z N Q F J O M A C I D R A I N
A V N W T Y M O Y O P E B B L E S L G F
Z J C J G E V Z R N S N Y S T L I A Q O
H B R T U R Y M M I O T Z V B M E Y A L
Y J Z V X U S J F Z I A S G R A V E L L
Y V E M Z R D E V C L T S K I R I R O M
J V V X N W F U L X S I Z L H B N S A K
L T S L X J R G W M N O W U T L G B M C
G S I I W W N O M D Q N T H N E W B Y M
B E K M Q D L Q M U W Y O J X O G M H F
N E X T V L H Y W N S U D V E Z R M E K
P W C K S O Y E R A Y U S V T A U V C M
```

ACIDRAIN	CLAY	GRAVEL
HUMUS	LAYERS	LOAM
MARBLE	PEBBLES	ROCKS
SAND	SEDIMENTATION	SIEVING
SOIL	TOPSOIL	WEATHERING

EXTREME WEATHER #1

```
S U B T W G F N I I G K J Q O C D K Y D
M D Q R O U B K M T L A M J J D X P E W
I M W P J S H Y V G C P U G Y K F M M V
F H O T X D D W H F U R Q Q W E J B W S
O X I P E A G V W M O H P U X N Y N M S
Y S T Q Q W X I L V C L O N H C T R G X
Q D U T T U C E W C M L I G H T N I N G
D W V Z V S G C Z P R E S S U R E D J F
S Y C H N O W V Y R L C V Q M Z S L L F
G P A I O E L U H E G W M S I D K F Z O
S C T E D O A T D C F H O K D O R H N T
Y F H C L E A Q W I N D X E I Y F E I V
K U P B C T D L A P J G G W T Y U T H Q
E N X T C O L D S I C B O T Y O L F O R
W D J N L R U A A T H U N D E R F Y X N
Q R V Q O N T M Z A Z R T W E A T H E R
T L Y S U A E A R T H Q U A K E S P J C
O G R P D D B G N I A P H R J V N A N H
N J G Y S O R E M O I X D M B R O N J A
B Y M J I W Y X P N L C N W W O W H B X
```

CLOUDS	COLD	DAMAGE
EARTHQUAKES	HAIL	HUMIDITY
LIGHTNING	PRECIPITATION	PRESSURE
SNOW	THUNDER	TORNADO
WARM	WEATHER	WIND

THE CAUSES OF CLIMATE CHANGE #1

```
Q D U W S X K P F U N K L L C A R B O N
I G K V P L R M L R H P D W V F Z Y Q I
R O T W B T P Z E C Q Z U H A Q T M M T
I U M F H F R M O U N R H U P S O L A R
O Q V T I W S K O E Q H M M O M X V C O
R W K B D E J V H Z K I W A R M I N G U
W W D C P H F J M E T H A N E K D A L S
K D Q F Z I X C B I K R B E F F E C T U
R U C F V A J M K P W O C E W A T E R
F J U I R E S Q V E S W D D I O X I D E
O S R X I J E K Z M P G L O B A L V U M
D Y Q K T H S O Z V A R I A B I L I T Y
U A S V D S D E D H O E D P Z X T T J R
S Q N I Y D V N O D J E L V O B P Y X Z
U S C V P F E T U H W N J S N P L G B K
J D D U X U I E E F G H U K F F J E F I
O J O I H X B O P J E O K N H I U J T D
Y P Y U B L L D E B Q U Q G L W F J Q S
C E V M I Y Y V H V O S V N U S N V Y S
F U A T A M I B O X J E P Q C F Y A T R
```

ACTIVITY	CARBON	DIOXIDE
EFFECT	GLOBAL	GREENHOUSE
HUMAN	METHANE	NITROUS
OXIDE	SOLAR	VAPOR
VARIABILITY	WARMING	WATER

WEATHER CHAPTER 8 #1

```
G L X A J X T D T C C L J C P N L E Y J
T Z I G A G C D E X P U P L E W M G E G
T K E A N T I C Y C L O N E C I I A K B
P N C Y M H U R R I C A N E R Q S B K R
F N O N C U B F S E J G E I S O O Y A T
C Y C L O N E Q I D G I M P B H T B W O
O L C G V D S T S S F Z E W R P H A N T
N T L X J E T S T R E A M S G E E N F D
T Z U N H R R I K Q B I S O B A R D J C
I X D P Q S O Z J Q R R Q Y P Y M E E G
N I E D D T P O L A R M E E L A S L L U
E I D Q F O I E C E V A C U A T E A C H
N D X S Q R C T W I V S U R P O S Z X K
T M K X Z M A H B S S S B D X R E Q K F
A N G D X J L I G H T N I N G N P V A B
L F C H K R G T E O U Y I D C A E B P Q
N L A F E S Z B X Y C T J X T D Q O C R
U N Z K C T J V S E U Z S D B O J D Z X
N G X U L R U Y Y M S E V S C I L Q Z E
I E D Z H L Z D B S E D I H K G F X H N
```

AIRMASS
CYCLONE
ISOBAR
LIGHTNING
THUNDERSTORM

ANTICYCLONE
EVACUATE
ISOTHERM
OCCLUDED
TORNADO

CONTINENTAL
HURRICANE
JETSTREAMS
POLAR
TROPICAL

AS IN SNOW #1

```
[ F S S C H I L L Y I R B E Y L L K J A
S H A D O W N E J S H E A A T L C N O T
E O I R O L Q I C P U G S B E U M M H O
A T F Y L O W B J B P P T W X Y Q W X F
S P R I N G A U M A N A L H U L E P G S
O L E N J X R A I N Y H X Z B J T Q T M
N C E V D Z M K Z F W A P S D A E S Y Y
S J Z R E A W T T U X H S A L M Y T N B
Q C I M Q X W N Z U T O Q E T I Z Y Z R
C S N O W Y Y X K V M U T Z O M Y K R E B
F O G G Y Y T B G J U T O U H V N Y G C
D O B R E E Z Y Q U Q U W Y H L N I L H
R A Z L L V P B N Y I B H V R C V D Q K
U V Q Z L U R K I Q A B Z Q W G M Z B B
R N Y A O H I J H F A I E E Z H I J O Z
D A U G W X N V P T M M B O Q X J H A F
G C K E A Z P T T N D Y E W X Y Z H T Z
Y V R C I V R R M W O A O P E M I H O J
Q W V Q V N F H S Y H N F K X Y S P D W
W D M R R Z B V R L C D V K X O D V L T
```

[SEASONS	BREEZY	CHILLY
COOL	DRY	FOGGY
FREEZING	HOT	LOW
RAINY	SHADOW	SNOWY
SPRING	WARM	YELLOW

SUN #1

```
E E L M E T B G L T O B W Y P R F Z A M
U M I O O W X U T J N S Y W T G V L P U
D T M Q U S W A K C Y M V S N B G A I I
I N I Y J N G U W R K V F K H K B J W P
R E Q O U U D O U L S N I O Z H G H B Y
X S X X V S C S K C J K H Q E H J D Q M
A L C X O A P C U D F O F Q E P Z K U C
T G L E T Y X M S R B V E B A P C K Z Q
E P U K I A J K I I O J W E K L L Y R O
M W H R D C F R S O B Z I T F U F K B Q
H I O C W G L A S S E S G O Y X P H I Z
V H Z N J L R D P E A V N B S J M X U Z
Q S P B W A T I O T M Y K Q I B Z A E X
T W Z S B R B A T Y S W D Y S O Y L G Z
V R H G U E S T S Z D O W N R H N L K W
Q F W O R S H I P P E R B Y V L L V G S
L T J D N H A O K E C T C J N O X J R M
O M U S Y I D N G L K I N G D T R B Z F
T F M T A N E Y Q K V U Q D N F X X F N
G F E D B E S T R O K E E T H J P P O Q
```

BEAMS   BURN   DECK
DOWN   GLARE   GLASSES
GODS   KING   RADIATION
SET   SHADES   SHINE
SPOTS   STROKE   WORSHIPPER

WEATHER WORDS #1

```
L H F B B R O I J W E P F D P M S Q G W
B I V J E S U A D F A A D Q I K E Z H K
S R M F N V T M D P E U Y V S C X I P
F U W J Q O C Q I T Q N U V Y H F K S T
C Z Z W P P Y J A V Z A M Q R T T R F K
J V R N C W X I Z V E N B Y J F U I A P
Y R J E K S A J E U M H D F D S Z X S E
C L A T G H U Z B X W B Z U Q E L C N Z
E I D A V D R B Q U M E U Z N T V A L E
X G S K A O V E R C A S T K T D A F T W
R H U R R I C A N E B D N T M B X G C D
I T N C Q N F R E E Z I N G A D B N K V
O N N N K A C T O R N A D O Z C L M S G
X I Y H L R C H A I L H B B Z X P G A F
N N B W D G O Q J O K A M J Y Y L P R I
A G N Y F F L U R R Y T S U N A M I S Q
M G R A W J D A A Q Z Q P Z B S E H H E
I G E R R M E K S Y S T E M L U Q I S F
Y X P M Q P R E S S U R E Z Y X J N N R
C A K I Z W Q S N O W N D W O L F N L P
```

COLD	EARTHQUAKES	FLURRY
FREEZING	HAIL	HURRICANE
LIGHTNING	OVERCAST	PRESSURE
SNOW	SPEED	SUNNY
SYSTEM	TORNADO	TSUNAMI

WINTER SNOW #1

```
D Q G M Z Q G D Q K B K P W I R K B Q S
O H Z Q N I C J S E D Q J Y C C K K P G
C V W R N G V G D H N F W J H U I F T H
E W E S F L A K E S H D B M A W T D H K
H C Y P J A C K F R O S T J O G K C L E
D D D D I C E B E R G N O Y Z P B R J G
T H P S K I I N G K E O B L I Z Z A R D
E O T E X E V L D X P W O E D I Z B J G
V E R Y H R Q K D Y N F G Z Q V K J K B
M T W C A S L U S H Y L G R N B T J V I
X H S K A D K P L A N A A N G E L S G R
F B G G J P F B I I P K N I D Z G L F Q
K F R V A U M M P L G E D U Z M E E P C
G H F J V Y Y I P O W D E R H T Y D P X
B Z M L S R T I E L F M F H O Q A D W Z
V S N O W B O A R D I N G X N Z S I A N
J L G D E R J B Y A Q S J P C S T N L I
K C H Q U H R D Y A C B O K Y G R G A H
E P I L K P O A Z U C F P P O L S H W L
G V E Q U X T W X N R H O J R I N W H H
```

ANGELS
GLACIERS
JACKFROST
SLEDDING
SNOWBOARDING

BLIZZARD
HAIL
POWDER
SLIPPERY
SNOWFLAKE

FLAKES
ICEBERG
SKIING
SLUSHY
TOBOGGAN

FUTURE FLIPZ ROCKS #1

```
N Z Q N I J A S S V E Q L H B K S I D Y
T X F H R C F B O T F Z O M I S X G A M
B W F P Q G E H T G A R K R N G B R D H
L Y R F G H O U Y R E Q J R T T T O M H
S L G B F Y S T R A D D L E T F C T L P
I T H W M T Q Q U D H Z B P U M S S A B
D X M L K F U N L E E W P W Q B B D Z G
C B F O R W A R D S A Y I D W F Z G Y C
B E L P O T T C H T U C K H U X Q U Y J
L Z O F L I P J D R X D E Z K D E S V I
D N O F L P G D B E A M E N F Q X A O H
A V R G Y M N A S T I C S F A E E D J P
Y C T W I L B P A C A R T W H E E L Q F
I P Q T O J D Y D H A N D S T A N D B S
C L M R M N U A M J W E F M W L R Q I O
F B R E W T U F W E E U Y A H I C I E
A W J E L O H V L Q S C R N P V W H H U
C J D S Z L Z Y T F O I T B T W Y Z B G
F V O J A U T P W N M C Y J V Y F P I O
D N V Q P H T T S L E W H J S R V J H T
```

AWESOME
FLIP
FUN
PIKE
STRADDLE

BEAM
FLOOR
GYMNASTICS
ROLL
STRETCH

CARTWHEEL
FORWARDS
HANDSTAND
SQUAT
TUCK

WEATHER #1

```
Y T V B H T Z G D O W H D U V A T H G J
Y O T N I J A H U M I D I T Y Z C T M A
I P V N R L Z G C O N D E N S A T I O N
J N X I X Y H M K I D O X Y M H I N I E
K D J V J L C J E T F S T R E A M F S R
A M D Q U H E B L B C U B U R L E I T O
O M N G K P O N V T H R R N C T T L U I
F S J J U Y L Z I T I F S O U I E T R D
N L D K K E C B N U L A T F R T R R E X
A M E V U O F M B N L C U F Y U O A U B
I V D R S F V D M F L E X N X D L T A A
P G J K D C S C C P F S Q N B E O I R R
L P G U R E J R I E A W O D A L G O V O
Q Z F X T U O L K N C A I F R P I N O M
A U K U G F Y K J Z T T K G O W S A W E
X N T U I V G T U Z O E R D M L T V H T
Q F V Q O L Z J G C R R A W E O O V D E
X C H T O L X M G E U J P M T W V T B R
Y G O I N V N L A N D N B R E E Z E M C
P E B Z H V U R P G P T Y D R O U G H T
```

ALTITUDE   ANEROID BAROMETER   CONDENSATION
DROUGHT   HUMIDITY   INFILTRATION
JET STREAM   KELVIN   LAND BREEZE
MERCURY BAROMETER   METEROLOGIST   MOISTURE
RUNOFF   SURFACE WATER   WIND CHILL FACTOR

WAKE UP SUN #1

```
V O S Q I B F C P B J Z U Y L M T Y V G
B P H B H G F H N H S U M P D E Q M N D
P G Y K C N E Q W H Y G S D G Q Z J L I
W J G G U A A C F H F N E G M I T T A G
N E K X T M T G U G Y P H V V U H P U V
X F L I Z D F H U D X M Z C M T G D Y W
X S T W Y X B M K Z Z N L M G X Q F W X
X S U B M S A R D X I Z T S C A U T N K
H Q E Y A F Q R G O W Q H Y V X C V K O
E D D P R O Y K C N R M G F I M J Q L
K Z I H A A A W E O V G U H B G L D R S
Y S S K V I E B J R M T L C E C I B H I
Q S X C I L O B L D C Z S C E V L P S T
Y Q H H F L O O T P C Q U N U K D H V C
N R M I C D T V S B A R N F Q J Y B E Z
N L J C L U C K W A K E U P U L X M Q X
K L N K Y W O O F B F V O I N K Y K A T
J T J E K B W D A Y Y N I G H T V J R V
S K R N T K U O R X S S X R B M U C D E
K A E M V P C G M O O A P J B S L D L I
```

BABY	BARN	CHICKEN
CLUCK	COW	DAY
DOG	FARM	MOO
NIGHT	OINK	PIG
SUN	WAKEUP	WOOF

WEATHER TERMS #1

```
J T E V K M C N B J N S E F C A V H S B
A R Q O G P T K G R T K R K G O Q H Z Y
O D Z L Z A X V Y L B V P C J G E P B Y
D D I Q S B G C O D Y U R V F T G W W D
T V Z X Y I G G W S B D E G R E E S C V
T A W J C A H W N N W P C C U M L N L U
Q P S L P I Z T R V N K I U D P J H O A
V D R P D H P B N V B B P P Y E O R U R
O S H V S E D U G W Q E I T O R N A D O
O A U F M B U D J N D F T H H A I L Y W
T H I I L P R G E J H Q A U H T W I N D
Y I P N H E P M N Y D O T N I U Y G A Y
W Z B S M F J Q P F C B I D Q R E H W N
C S P P I L X K O M R D O E U E L T Z P
J Y J B B I R V I E O B N R A I N N X O
D O K D N M Y D B W N W R S N O W I C E
O T A V R X R U E O L X H T I Z S N E J
P K Y W B Y P C Z K D S H O W E R G V N
N E T D M G C S K J A H U R R I C A N E
W I B W H V H I F C C L I M A T E X V T
```

CLIMATE	CLOUDY	DEGREES
HAIL	HURRICANE	ICE
LIGHTNING	PRECIPITATION	RAIN
SHOWER	SNOW	TEMPERATURE
THUNDERSTORM	TORNADO	WIND

SUN SAFETY #1

```
G F D I Y R K Z B X Z G I I U J O P X P
A R E P J Q G G A G E Q S P O T S Y F V
L C E K G I S B S U N S C R E E N E L M
J T O T Z H V H A S U N G L A S S E S R
N D V U F K D Z L Z T O S V E S O T V I
C J O Q J L F H F E D W R I N K L E S G
V B T X K E U B C O N C R E T E E V Q A
Y W A T E R Z R E S I S T A N C E D A L
X A S C E J J Z L J Q E J Z Q B C B R W
S T N K G F F P L X B U B Y B N C Z C U
P E D G G Q V U L J Z E L A W V P G O N
D R D T A Z I N C M O X I D S Z O R A P
F H S S Y H T H A T S D V E P A X G Y X
C A X O I B A B R O A D S P E C T R U M
G Q V N I A M E C Y S F A N R W V E Q K
U F J P Y K I B I Y K W N T D Y U A R W
T X Y T N L N Y N V E L D B F F A P U M
X M X R T Z K Q O F X I X T A F G P L R
V K N W L J D Z M C K Q Z N T F D L W S
K S B M U K P Z A P V Y T F G S O Y H K
```

AGE SPOTS BASAL CELL CARCINOMA BROADSPECTRUM
CONCRETE HATS REAPPLY
SAND SNOW SUNGLASSES
SUNSCREEN VITAMIN D WATER
WATER RESISTANCE WRINKLES ZINC OXID

ALL ABOUT THE OCEAN #1

```
J R H G F N Q K H I K L M T C O R A L U
W K C W R D S O E B W S E A L C V B C I
D S W J K V O K N V N Q R H O T I H W T
I S H U G W R Z M Y A U M E W O T T E R
M A V T Q D X D C E S I A T N P S I E M
W Q C S O G J A I Y W D I Q F U Y A M G
L E K P Q D C A R D H T D T I S G A Q Z
W C I L O P I N S T A R F I S H S Y H S
F Z T G Q F X Y E I L E I S H A R K G F
F I R N V H C Y A D E A S E V E D L R G
F V L Q C R D F K E I S H A D U D A K Y
B G A D L M Z V E X C U F H U E A S V K
O U E A D A X Z Q V T R N O F T N L Z U
X F R K B A S W X C H E P R R A K Y C O
R C M I F F N L M I I P C S U T J T L N
L A L V M Z P G X E I Z A E U Y U O J Z
M F P K N O J E F G B L J T K V X A C M
V H L E B D M G D J R I N E F G I O O W
Y H F O K E H X D K H Z C W U V O G U N
W S G U U Z M B R R D P G P K P S J H O
```

CLOWNFISH CORAL FISH
MERMAID OCTOPUS OTTER
SEA SEAHORSE SEAL
SHARK SQUID STARFISH
TIDE TREASURE WHALE

OCEAN POLLUTION HUNT #1

```
T N O W R P Z I S V O J H W D E J B J O
Q Q U Z L A Y N L X J R O H F L U W B B
P K T A G D O I V S R L G Q O I J U P K
Y Y M V D W P A F J S Q Z Y A T V P G A
E A C Z T Z B K F G V P J T C T H D S M
N P X O Y H G N C M Y B S A W E B R P N
N V F O K D B G D I Q J O M B R I V E R
Y P E L E O Y Z Q O I S L A K E R D S U
X B J U V N U Z K A S T J A S C D U T N
D D R R S F U W N V G N Y Q E Y L M I O
N M G D O F J R A P I H F C W C K P C F
O T P T E D X O W F F T W H A L E S I F
C C J J H X S M Q A R Q W E G E P K D H
T E G Y S E C P R P X G I M E Q L P E D
Z L A W U O K B L C N O F I I B A G S L
V J F R T T D O F N D A F C W I S I Q P
P U Z L R R H H O U W Q R A A N T V V B
N W D X D G T Y R E Z K F L T F I S H P
P M X S I Q Q B S L P O B S E R C F G P
Q W S P R D H B V C U S T U R T L E I C
```

BAGS
DUMPS
LITTER
RECYCLE BIN
SEWAGE WATER

BIRD
FISH
PESTICIDE
RIVER
TURTLE

CHEMICALS
LAKE
PLASTIC
RUNOFF
WHALES

FUN IN THE SUN I #1

```
G S O G U R G D Y Q G I R P R T Y K X H
D C H M X H R Y V A Z C Q S L P A P B N
E V V C R O C Q L Y L A Z Y L D A Y O I
I R T R V X B O V O A I X Z B R A T S V
E E J Y D W Q Q S K V F A M I L Y Q D
A A R L M I W U J S E M J F U N H I P H
T M X H Z F B F Z Z W H W E E K E N D S
Z C J D R I H I H Q H X A K D S N B C U
W P V E X U V F Z A O R T C T W W X X N
M A D V D F J J J L U A E Q E S Q M L S
Q O W I G P E F W R S Q R B E A C H U C
T C H J H T X J N P E Y H O T D O G S R
O Q U Q U D N U B I I Y C A M P F I R E
L Z N E H M C K C F V E O T K R R N X E
H A A V U P P Q T C T X O Q H E I C E N
D A I A T K D M L E H T K K B Y E Y L U
T P R X B W X W M T W X O I E V N L F U
Y D A U L B S G F A A R U H X X D V K F
N F Z J F Z D L C L J H T G A O S Z Z Q
Y P H O Q H U E V F B T S W K Y M A N V
```

BEACH
CAMPFIRE
FAMILY
HOTDOGS
SUNSCREEN

BOAT
COOKOUTS
FRIENDS
LAKE HOUSE
WATER

BRATS
DRINKS
FUN
LAZY DAY
WEEKENDS

SUN MOON AND EARTH #1

```
N G V Q U E O U H S I S O U Y V B G Q J
B K M O O N I K X P F Q M V P A F J Q U
G Q N G R O T A T I O N F V O S I S L W
D X K E A R T H S T R O L L O W D I F L
E B Z A X T O V A H B Q B S D Z Z M I P
W J I S I H Q G E O I R A H Q T K E Y A
H N E T S C U A Y I T N W A Q E F K H C
X G A F X W E S T L W I N D U P F F A M
X R Y W Q I E K W Q Q B Y O T M W M K Y
I H R I K N N W H Y Q S X W Q G Q V Z D
Z C O N X D A L D P W Y O Q N U I M B N
N W D D F P F A U N R H F G M E Y N C N
S K X A Y K Q D A Y W U R I H U L W K U
L X F W T R T D T S T O J W Y T U U U Q
I B H Q F C A E C Q I G D H Q F X V V T
F H R I N J L N F H Q G M L C W W K P H
N I P O H S K J L V G Z R Q P C R T V C
Q M F G Z R I G V Z U H G T Z D D A M D
A F C Y T F A H K L D T P A K Y X J F F
J M M F Y P O I R J B Q F W C P M Y U D
```

ASK LADDEN	AXIS	DAY
EARTH	EAST WIND	FAUN
MOON	NORTH WIND	ORBIT
QUEEN	ROLLO	ROTATION
SHADOW	TOVA	WEST WIND

SEA MONSTER #1

```
K M T J M Y M W X U E D W A R F L I K E
K P D C S N A N N Y K L O U I S A G D V
J Z Q L L G I L U C Q U E X P P G U N W
Y W Z A P J D U R U B K D C T Y S O N B
S D G R O V E R S Q D E B R I K N O W G
H T N R S K N K E P C A U L D R O N Y I
K P F I E Z B I M H U L R H E A R T H B
H X H S I A E N A J H R V B Z N U Y H N
X D G E D W S G I U X D H L T N S O S E
Q X C T O D G K D K N E J Z L A K B F Y
Q K D T N H K I X V C B W K R B I W D S
Z H V F I Z B P S F E S S I I E N Q P U
X D K S W K F W K G Q M G O B T S N C N
V E F U Q K Y X V R J T F K V H Y C I U
W E Y Q N H B Y N I J M V J L Z M N K T
U U V R I S N C O J G E W R Y V A S H U
Z C K Z R P S F R D C K K P W J Q F Q A
N P C W B P S S F C U P F Y X X G E Y D
F K O X T G A B A N D S O X P D Y T M K
E Y O U P F Q X Y N M M A U I R C G Z G
```

ANNABETH   CAULDRON   CLARRISE
DWARFLIKE   GROVER   HEARTH
LUKE   LURKING   MAIDEN
NANNY LOUISA   NURSEMAID   POSEIDON
RIPTIDE   RUSKIN   TYSON

SNOW TREASURE #1

```
O Y T P T S G C F H E C X M E A L Y P M
H P G M A S H G R U F O I X S L Y M G W
Z X V R N G G J J U W A S J Z N F C C A
L Z G M P B F S H C K H P G Y N V W H Z
D A I D A A C L O Q F P R O C U O V C S
N A U D I S P O S I T I O N K S Q A K E
G R M I R T H I K K D Z Q C G P G B B M
Q E P S O L E M N N E S S M H C F O U L
V D D I C O N S T E R N A T I O N T B E
J X K N O T S Z R B C J Q H M D L P W V
L H L F R S T T F U C S E B W C N M V Q
F Q Q E R H R S T O U T E S T I V V C Q
F V V C I M R K A R V F T A L R B I J O
M G K T D E M O R A L I Z E N O R N Z J
Z D S I O G S E P U L C H E R S G T Z F
W D P N R C X V A L I S E Z K X X L V Z
I H R G R I M H U I A U R B F J M I I P
W I B P Z Q O N L R T Z A J J Q A F Z S
K V M K E L T L I N S I G N I A N X O P
W V C F J C J I N F A N T R Y F O X O A
```

CONSTERNATION CORRIDOR DEMORALIZE
DISINFECTING DISPOSITION GRIM
INFANTRY INSIGNIA KNOTS
MIRTH SEPULCHERS SOLEMNNESS
STOUTEST TARPAULIN VALISE

OCEAN #1

```
S A Z N T I K Q Y J W B Y R E H G V N Y
V T A C W I O P M S U I V F R M L A Z U
E G L G B W L B Y Z D O M N W F R K T R
P Y Y T Z H S R U C M M R B K P O L H L
H K P U W F A C K H T M W P X T U H L K
H V D O F P Q W P T U V Y J Q S J V S I
Y S L Y K J V X F M C P E I K I L M Q J
F J Y D U D P P Z R L C A H A D A G W O
U G N E U S U C N I P X V X W L W A B W
W T X O Z C A Q O R N M D Q I L V T U Y
H A Z D S U C R X N D H Z M E R M A I D
I P P I P Z T A C C E A N X S I Y L S C
J P S N N K Q K K X U J D P J L H G Y O
L W R B L U K J E L L Y F I S H F A A R
L M C T X G N W L Z F C X W H A L E S A
V S X U F E F W P E J R S E A S H E L L
Q L R Z E U S A L T W A T E R E E F E P
L X X U U Y A V R O H B H E K D Q I S F
H E M R P I N E G K H Z T P S J T S X H
E W G G N O D S E A G R A S S Z X H T T
```

ALGAE　　　　　　　　　　CORAL　　　　　　　　　　CRAB
FISH　　　　　　　　　　JELLYFISH　　　　　　　　KELP
MERMAID　　　　　　　　REEF　　　　　　　　　　SALTWATER
SAND　　　　　　　　　　SEAGRASS　　　　　　　　SEASHELL
SHARKS　　　　　　　　　WAVES　　　　　　　　　　WHALES

PACIFIC OCEAN #1

```
F Z Q F Z F J V I S F X W R C H E Q T A
L R R H C J V D E S H Q M F X C F T F E
T J F F O S X D C E J B H D S A S S A U
U R I G H T M W H A L E C D O L P H I N
O P N T O E U A I F I A C U C I E A T S
F A G K C L O R N O N K B R K F R R A P
F S W F S L Z F O T G E B U E O M B I L
H D H O A A W Q O T C D F E Y R Y O Y X
E U A M L R E S K E O X L J E N W U J A
P O L B M F D P T R D W Z L S I H R E N
J P E M O S C E S K D H N F S A A W W P
S T F P N E E R A U E A L Y A H L S B C
M B H A K A R M L L Z L P U L S E E Q N
C R O Q E W X H M G N E C K M E R A H R
R A I Q H L N W O C C L S H O A M L J F
R R K V M I I H N R C K Z E N E I P O F
Q F H C B O H A X I X C Z I I L J I A O
K T P A A N C L E W P O R P O I S E K L
I N E M R I H E F C S S B U Q O R C A C
Q J H X I G K X H F A Y S C D N M W K Q
```

BEAKED WHALE   CALIFORNIA SEA LION   CHINOOK SALMON
COHO SALMON   DWARF SPERM WHALE   FIN WHALE
HARBOUR SEAL   LINGCOD   ORCA
PORPOISE   RIGHT WHALE DOLPHIN   SEA OTTER
SOCKEYE SALMON   SPERM WHALE   STELLAR SEA LION

NATURE #1

```
T F Z Y F F U D E O O L T I C K G Z V K
V Z M U Q Z N U K U D Z M K U M O Q H R
C W C O Q B V H Q Q E E U H T J E H T S
J I H C S U S L V W H I P Z K H P F X K
H Z I Z H T W I G S F N L K S W J B J Q
Y Q C C Z T A G P J B C H T A C M D C C
I B I B E E T H W K I U L X U F Z X C K
D K L A Z R E T R E E S R X Z Z C U U P
D E Y S W F R N U T S G P T R O E E X Z
Y E O P N L E I X R I V E R O X R N Z P
U F P S B I Y N H A S T C K C W X W O H
N L T F C E K G B I R D S H K B H Y V O
A A T W U S S W U L E A V E S Z B V X C
Q O O F B X D I S S U N S H I N E X C D
B Z V M S N X T H U N D E R H B R S Y J
G F F U N W A O E K N B O J O P R P S N
R Y B B E I V M S X F R Q C G Z I R J H
K V H R I I B N P G F S Q Q Z O E I P R
C J I O Z K Q Z Z K H D A N L Q S A H A
P J G T G A C Q J V M C I X E K F Q Q U
```

BERRIES	BIRDS	BUSHES
BUTTERFLIES	LEAVES	LIGHTNING
NUTS	RIVER	ROCKS
SUNSHINE	THUNDER	TRAILS
TREES	TWIGS	WATER

RAIN FOREST #1

```
Q E W G N L Y N F I G F L A R W F A F E
S S R X G B T P W C S S R D M A C V E P
R G H P U H U L G C A N O P Y C J M H T
V W Y Y I V B T S L O T H S U E Q J C O
O L H H F A M J U I W O P L W H G W C Z
O F T Z Q D R X P M O F W C H V P M H P
O C P I N Y G D R A B A N A N A S I L W
R J S D U M G X L T X D R J G Z P N Z P
T M Z O P C X J R E P T I L E S E F H F
M P J I P Z D Y A U A R R J Q R C N Y C
U F L E J X R K I C T E Z H U M I D M N
Y Z R V T A F M N J R E B O A W E T K B
Z S M M A R B F I H A S T T T Y S N W S
B C L I Q T B M D A X N D P O D B B S P
V M Z B U Q F H V B U T T E R F L I E S
J G L Y S V N M W I B G O K J Y Q B D H
D P Z X Z Q M T F T I E H U H S T N E A
B S D D A B F N B A T B K I E B L N Y D
W S J L U J M L L T F D D B Q B C O I E
C G M M H U P R E N Y E W S B C W B L W
```

BANANAS   BUTTERFLIES   CANOPY
CLIMATE   EQUATOR   HABITAT
HOT   HUMID   RAIN
REPTILES   SHADE   SLOTHS
SPECIES   TREES   WET

PB18 NATURE AND OUTDOOR #1

```
K D F D B A T W Z S D U Y J W S Q J I A
J A L D J U U K Q V T Z Y O I U X A K K
N Y P K I P B H A Z N D A Q B X A L O A
E Q D C J Y W T R F R H E N H H M V G Y
Y D L R F I K K G T H L D D O M O Y G D
B J S C G L R A M F K W S U Q F V I T A
Q Y I S L S T U M F F Y V C N Y X R N X
I N P O Y Z H O I A D O O L V I C J Y I
O X E Z G N C L N K U D B V H N R T D G
I M O F X C É S P E D M L I Z C W U Z R
Y Q G F Q I P L N B G X P R K S V L Z T
Z W J V J E S T A N Q U E S B N R T E U
G R A N E R O S R C B Z S T W K K Ú V J
Y H L Q Y V V U B W N J C Á M P I N G Z
G K J L A O X Z U F G T A S Q Z L E Ñ A
G G D W F M Q A S I M L R G N P Z L I V
L B J R B X F T T M M A P A C H E Y D E
U G L L A P U I O D R G U P A R Q U E S
F Y W V N Q Q N S P S O I S Z V R Z Q D
U O A F L P Y M B C Z S N F A G U A D F
```

AGUA	ARBUSTOS	AVES
CÁMPING	CAZA	CÉSPED
CIERVO	ESTANQUES	GRANEROS
LAGOS	LEÑA	MAPACHE
PARQUES	PESCAR	TÚNEL

SNOW LEOPARDS #1

```
P B Y O S P O T S A W N G P Y W H P U H
B O V Z C H I N A M L W W R H F A L K U
Q U L E A P G R E Y J I C U V Q T B H D
F F M A R M O T S G F I D Z G F Y T X X
D D U E V C A P N C U S S V Z L U R D T
W H I T E Y T R O A R J J R R Q Y X P Z
O O V O S Z S E W M S V K N K C V R D P
L U H R T O V Y S O J S O E M Y R A Q T
L V Q Z Y N N M H U R O X X L K R O T W
Y K J I X K U P O F J R I S Y R N U V Q
H U F O N D T E E L V O S W X H N T R G
A G C T F V V V S A N D W B Y A R O G Z
R N P K O M R K Q G X A T U F G X B T F
E W K K S T A Y G E N D A N G E R E D H
S U N X U W T N T G X S O U C F P D S N
V S G J K Y P X N Y V Z H D C O L T P E
X X P X S V W R O V S D B Q P I T V V E
L O Z C H E X C X X U V F U C V R M Z E
R N M L H G P Y H O J T X E C O P R Z Q
D O U B U M Q L L G N P N Q H A U K H B
```

CAMOUFLAGE	CHINA	ENDANGERED
FURS	GOATS	GREY
LEAP	MARMOTS	PREY
ROAR	SCARVES	SNOWSHOES
SPOTS	WHITE	WOLLYHARES

THE SNOW DAY FROM THE BLACK LAGOON #1

```
E J L B Z Q I L X P J B H L E W S J U W
F E R A D O M F A D R G J R P U Y R Z Z
F D N Z S N U D X X I P J I L Y Y S I B
Z F W E I V B S L D U Y D S B Q S V X Z
U B U C F Y X D Q F Y F E N G M Y R W O
T D W N D O H N W I L C H U O P X Z E Y
P D F G T X V W K T M W W L X C T J X S
R J U E D N W C R F X S N R Q H S U A J
A Z A M A L J Q G X P R K W G A M G Z G
N M I V E A R L M U F F S E X A Q N P A
X X F J Q C O L D W G S N O W B O A R D
U Q H J F H O T U C O C O A H K M M C J
A Y S E Q R P S C A R F W I G Y E R G W
M Z V X A I E N F A L L M I T T E N S W
B U B N K S N O W L L A O F X D T C K M
J F B Q Q T G W I Q E K B F G D P T A R
G U T I N M U F N C D E I G L O O Q N B
E I S G S A I O T H H S L M T R K S Z Q
E V P G S S N R E S G R E E T I N G S M
L C L Y J K M T R F H X U Q X O L C U V
```

CHRISTMAS   COLD   EAR MUFFS
FLAKES   GREETINGS   HOT COCOA
IGLOO   MITTENS   PENGUIN
SCARF   SNOW   SNOWBOARD
SNOWFORT   SNOWMOBILE   WINTER

BIOME #1

```
T K A M A D N X D H C D G D E A M E O B
G T W K R Y F T E M P E R A T E H Z C Z
T C P X W I R J C O V T A I G A V A H F
V D Z M V F W I I P B U S A V A N N A J
F A S F C A F L D W C N S T E P P E P Z
W Q C U D Y W P U J G D L Q V B N L A W
G L X B S Q L A O K Y R A L P I N E R R
Q N S L N D V S U Q Y A N T I O D P R N
O B B X K N R R S V U G D R Y M A P A Q
N D L M H X U W I S K N K O F E O D L Z
U X A R Z R H J V E S E L P O L A R Z B
B P T O R G S P D V D A N I R R D Q F R
K F C C X H N M J L V R N C E N A L D P
G L I J N M W I N S H R P A S B P B S B
H G N W L S S Q U F B H K L T O T D U G
P E Q N R A N T Q E F P M A W Q I V S T
A C R E M Q Q Q A G U J V K B U N R W Q
Y M F H M D C J N Z A B L F O G G K W Q
X G G O H R E U A X X P A B H N B J A K
B M U O V I B C B H H T A P Q H H M V E
```

ADAPTING	ALPINE	BIOME
CHAPARRAL	DECIDUOUS	DRY
FOREST	GRASSLAND	POLAR
SAVANNA	STEPPE	TAIGA
TEMPERATE	TROPICAL	TUNDRA

SNOW MUCH FUN #1

```
K M J S C B O O T S L P Y P S F R Y Y B
J O Y F U L P R Q E H G G J Q Y P O Q O
M N C E J I N G L E C B E L L S I F J P
F V T I Z Z K N U L W J M N E P S C P D
C R E G E Z V H D A Z A U T R X P K B E
G I U O C A N D L E E P C O O K I E E S
G I N G E R B R E A D X H O U S E G I N
M C D A L D M N X L E E I R Y L W E J Z
J E F U V H P S E W C U M N C E M Z W D
S X S K E E X Q B R O O N A O I I S X Z
S S F O S H M N M Y R Y E M Q G C H G Q
E K I U S G A T V W A U Y E F H O L L Y
V A K X H G P M U C T D V N F H T Q I K
E T F T Z M H N R A E F K T B B B D O S I
Y E W T O N A G I B Q A Q S K E R U H A
W S C R O O G E Z Q B C Z S G L S Z D J
M I Y N B D B F D H L B V P C L R R T E
S M J S T N C I F R S K Y R M S W C Y O
T Z D V H S Z F D J B F A N N R G H J Y
K Q B I R J W O G T I N D P Q M I N O E
```

BLIZZARD   BOOTS   CANDLE
CHIMNEY   COOKIE   DECORATE
ELVES   GINGERBREAD HOUSE   HOLLY
ICE SKATES   JINGLE BELLS   JOYFUL
ORNAMENTS   SCROOGE   SLEIGH BELLS

NUTRITION AND ENERGY FLOW IN THE ENVIRONMENT #1

```
X S Y L S C A V E N G E R S Z X I I R L
G C V I H E G T Q X S U R O S V C B P P
X S N L U L F L R J R Y Z L U Q C I O Q
R N I X R L D Z A H N W X Q Z N Y R L P
Z C T T K U R B F F H S L O C M B H G V
W H R C S L P O H F S S M C V V A E A N
Z A O G L A R U N O F F C O U C N V B I
D D G M J R E M T E G O Q N M Z S Y I Y
J M E W Y R C M H Y Z R V D P Y K L O E
N O N P C E I E A O B E A E Z U D R T L
V G F V A S P H O T O S Y N T H E S I S
G O I N R P I Y M F A E P S E A C E C M
T L X K B I T Q S O H R N A P B O O F L
E V A P O R A T I O N V E T U I M J A R
S B T O N A T H O D O O Z I L T P E C U
J H I S C T I Y H C B I H O K A O H T Z
U R O W Y I O D G H L R I N Q T S E O B
P J N V C O N E X A S R F E R A E A R Z
Z F V R L N Y A T I S A U T O T R O P H
H A N U E K O G H N A N X C C K N W R B
```

ABIOTICFACTOR AUTOTROPH CARBONCYCLE
CELLULARRESPIRATION CONDENSATION DECOMPOSER
EVAPORATION FOODCHAIN HABITAT
NITROGENFIXATION PHOTOSYNTHESIS PRECIPITATION
RESERVOIR RUNOFF SCAVENGER

SEA TURTLES PROTECTION #1

```
D W G R S N S O Q H V J S B Z A Y F D I
Z R E M B A I Q C M E V S E M M A E T F
X O L P I U Z H S J I O X C B X X Y L S
M D A K C X V Y I X B O T U P P G I S O
V P Z Y B E J L A I Y F I O P R D R S G
K E U H F O G O F W O F X O O E A F I R
W F L G O R I C B D B W F E M A L E T H
L Z E L X X W C O N S E R V A T I O N K
L W Q J M Q Q Z O L I V E G R I D L E Y
T J U T O N E U H A W K S B I L L Y W L
A C H P J C D P A V M Z U G N H S M E P
S L E A T H E R B A C K R R E P T I L E
T L W S I V E O I J E I V E Y R A G A L
D N W F K G M T T R K Y I E H E X R E A
F S P Y I K K E A P B N V N A D O A O G
M W G Y I N H C T V Q X A M B A N T L I
I T I S U P S T Z E G D L S I T O I P C
I S J F P D G I N C X Y I F T O M O G Q
U P J O B M L O X B A E L L A R Y N F F
Y P F D B I X N G A G A E V T S U P N I
```

CONSERVATION FEMALE   GREEN
HABITAT   HAWKSBILL   LEATHERBACK
MARINE HABITAT MIGRATION OLIVE RIDLEY
PELAGIC   PREDATORS   PROTECTION
REPTILE   SURVIVAL   TAXONOMY

WEATHER TRACKING #1

```
J B V Y W B J Q N I K R B I M W W S X J
U B Z K Y F V D M D J U O A M C L G Z V
H A I L T N R J T B Y U U Y O R U C B A
S R A I N Q P L R J M W Q T C O C U G P
L O Z O N E U L A Y E R N R D E F V F S
S M Q S W A P G I F K V P O W V E R G P
O E J V I S I B I L I T Y H I U T L E T
A T S G N W I P T C N Q E D B A R G N Z
A R U A D R I Z Z L E D G K S U L C C
W I N D I G U S T O X M Z X M F G K P A
P C S Z C X J E E U Y U X G L I H G R J
W T H U H S V B M D D F R D A F Z J L M
Y P I X I B Z K P P N K B X R W Q Y B R
C R N D L Q I Y E C F W N R N W P A E U
E E E V L G H O R O U K O U A O J Q F G
T S U N B U R N A V G Y I H Q J W W S A
I S N O W K P U T E R W O W B Q O L I N
H U M I D I T Y U R B A K E Y O Z Y K P
Q R A D A R N N N R F N O P G Z S A R N L
V E P R K K Y Z E F V E N H I Y N B H H
```

BAROMETRIC PRESSURE   CLOUD COVER   DRIZZLE
HAIL   HUMIDITY   OZONE LAYER
RADAR   RAIN   SNOW
SUNBURN   SUNSHINE   TEMPERATURE
VISIBILITY   WIND CHILL   WIND GUST

THE WORLD OUT THERE #1

```
F B H Y N M N M W U A T J C K J F S R
S T D S J Y Q W A Q Y I I F Y Q D P T G
S G M M L C A N G C J N H J C U V M X C
G N R I K M W K V Q U F A N T V N V C P
C C V D J F L C M T M Y K S I I K H N J
Z Q D F X S J P C V Q D R K T D Y A X K
W Z S T G K V M E W S N T Q H C S L B T
D R I V F J K B G T Y G K Z U I I B L G
U W I J I R D X I M A Y Q J N X Q U I D
W D U R V Y V D V A K K Z U D R T T G T
F S H V K S M Y B X G K K N E A R T H M
J A Q K B U P L B B T G X P R I E E T Q
F C T B F O P X I S C I A E L N E R N Q
H C E T I D I Q N Y C C L O U D S F I P
Z F Z P L K V L S X W J J U O B Q L N N
M R M U M O T H E R C N A T U R E Y G P
M C T V Z I P W C O S E X S T I C K X N
N V A H J B H Y T S U A W I N D D O L P
N S I N R Y Z G S E B I R D S N D I B B
J Y W H Y T F A S Z W F R E S H P A I R
```

BIRDS BUTTERFLY CLOUDS
EARTH FRESH AIR INSECTS
LIGHTNING MOTHER NATURE OUTSIDE
RAIN ROSE STICK
THUNDER TREES WIND

OCEAN ANIMAL WORD SEARCH #1

```
V F P C V W U S O X X Z O R L Q P Z H T
N D U T V J G P P I S Q X S I O K X K Z
Z B Y C Q O P E F X H S P S U A F I D F
V L V F K M X E N V Q I W T V L H R Y G
N H B Q H D E T O H L U I P H L G M K F
M C H E V Q Z Y B C Y J J D W M Q N O V
O R P J Z H Q P T B R P F E O D I H U A
E M A C K E R E L Y V F N L Y V M K O F
G G N S B F B R M S U C D G M I B B U K
T I G E R S H A R K B U L L S H A R K X
G K L L M L F R P B A E O S F H P H P H
R J E L L Y F I S H S V B E R O A F L X
L K R N A W L E W H I O S A L M O N M V
K K F N L M Z W M C J Y T C C K U O Y D
H B I S P E R M W H A L E O S X N V S N
R B S T A R F I S H F L R W V L Y K F H
E C H L K M N S E A G U L L Q N Z Q L W
X M C O R A L B A R R A C U D A K Q C Z
Q S Y V K I G I L U Z T V D G X N B G X
G D O I C D J E U E H W P J M L V P T D
```

ANGLERFISH	BARRACUDA	BULLSHARK
CORAL	JELLYFISH	LOBSTER
MACKEREL	MERMAID	SALMON
SEACOW	SEAGULL	SEAL
SPERMWHALE	STARFISH	TIGERSHARK

THE RED SEA #1

```
J L V Z Z W Z B C J W P P J J S Y F F N
X A A H A T U Q L V S V H R Q M F N Z F
O T Z G V W Z I V A F G Y P M O Q Y T Y
Z T Y D B B L U C Y R Z V S S J M R S W
O V Y D R D D R U E C Z G J L R W D N N
E W W D O J S X S Q L B Z T V G I A C Q
D S Z B O V H L V Q A L O J P Q C E I L
A G N E D C A I B A P T I Z E D D G E R
G H H L L K Z T A L G W V U E R G S L G
I B A H M W B J P F H Q R R G O O I X Q
P J N Q R I G E T I B M K B V W Q R N J
C Z Y W L Q V M I R A C L E S N Y B S O
V S A W T B J K S E J L F I S E T F Z L
Q N Y P W Z D I M P N O F J H D N X T Z
M K W A S H G X A H O U A O M H Y M S N
C Y V T T K Z Z L A N D I S U M I R R F
D R F U V C Z X L R W A T E R S G Z U Y
N G T W V L O Q W A R R H P E M O Y T P
R A I Z T O F A C O D K D H D X K A H Y
R V K T X N S Q W H E E L S J C K W X W
```

BAPTISM   BAPTIZED   CLOUD
DARK   DROWNED   FAITH
FIRE   JOSEPH   LAND
MIRACLES   PHARAOH   RED
WAR   WATER   WHEELS

ROCKS #1

```
R Q K V H J Y L Z A N R H Q Z C V E N T
R N B K G F J M A N T L E X P L O D E D
B I U S C Q S A S G F G A C R T L D Q F
M A N X C T U G C R U S T W E P C H A B
R J N W D K M E A O E H X S S A M N I
O Y C S F V Q A V N J D Q W S W N N F R
S Y E U R R V I S I A I O Z U M O U H O
I L D Z J E M D B T F M V C R O C K S F
T Y R I J Y X C S E F E M K E J Y D T K
K A T O E V D Y H I G N E O U S R R N V
C J G Q Y U M B P O M T T U D E J R E X
P S P W C Z J M L R K B A T Z D L S P F
M Z C Y O P D K P L Q Y M E V I Q G R E
Y G A F P N Y U C O V V O R V M F N F W
P V D M Q D B S E I N J R X P E Y O M L
C C T O B Q M V M B M H P C Z N T L M E
D V L N P V I I X C L G H O V T J A S Z
A M I M J Q T N D L J P I R O A C C Y F
F P Q W J N K K C R G M C E O R V I N K
R V T U K C A W L B H Q C S J Y L E Z D
```

CRUST
HEAT
MANTLE
PRESSURE
SEDIMENTARY

EXPLODE
IGNEOUS
METAMORPHIC
ROCKS
VENT

GRANITE
MAGMA
OUTER CORE
SEDIMENT
VOLCANO

SNOW DAY FUN #1

```
H E S Z C U P V L G A W E G X L R P W Y
H R H G Y S D S M I P F F B Q K M R B K
D Z P S U E C V O R G S P H U F N E O T
F I M E P K B Y T Q O V Z V A M S G B M
H H B T F B H X G P P H A S M S N S K U
F C N E Y L A S H D B O O S T A N A L N
Y O O A S U N L E S S N T A N D I X N S
Y Z L N V B D F Y O U Y T E J B L A U F
B F E L T F K B V O K Y V K X U U V P P
F T D J Q D C L T G N S D B A N Q D I E
X T J M J Y R E D E F I N E J B V W V P
S U N S C R E E N G C U J O U L B M C T
S O O T H E A Z P H P I K D C E J S Q I
N P R K V V M O Z Z I Y K M A M P Z M D
O M U A G E C A S S A U L T O I J K C E
W R M I C R O D E R M A B R A S I O N S
C V M O I S T U R I Z E R H S H B Z C O
T A U J B E Y O N D D T H E C S H A V E
K I T X V D U J Z T U U W G W P Y G L H
Q Y M U C P G I R G V T O H I N A F A Y
```

AGE ASSAULT
HAND CREAM
MOISTURIZER
REVERSE
SUNLESS TAN

AMP MD
LASH BOOST
PEPTIDES
SNOW
SUNSCREEN

BEYOND THE SHAVE
MICRODERMABRASION
REDEFINE
SOOTHE
UNBLEMISH

FUN IN THE SUN II #1

```
B B J A A A Z U M S P V G O P G L W Q V
F G E Q A T L C R G E M E W X B Q Y W P
I I D S M L X O C T F Q X T Z I B P X R
Z L H E V Z M H R J V Q V C L D C L B D
S S X J Q X E Z D O W W N T M F T R R G
U J R T P D X I F X G R H S L I A X O F
W U J E C N T R F W M U J F Y S U G O F
S U N T A N O L O T I O N C B H S I A I
R G H V T N U Z U N T W B Q B I H W I Z
B Y L L W V H N R Z F S S F U N E R K Z
Z W H R D B P M T J L L O H R G U M Z Z
V P H I M E O S H I O L G Y G S P Q T Q
H C M V S A N D H C A S T L E S M J D H
T D I P W C T K O E T C I Y R U T G U F
T Y G V I H O U F X F U R O S N D N M C
S H U C M I O I N C T B I K I N I U B S
B A V W E B N K J R R A U M P S K K Q J
F S W C W A F C U E I B W P J D I I K A
C J W G O L F E L A P S E K D L E F V I
X N G B C L H L Y M M P K Q B F R A T R
```

BEACH BALL   BIKINI   BURGERS
FISHING   FLOAT TRIP   FOURTH OF JULY
FUN   GOLF   ICE CREAM
PONTOON   SAND CASTLES   SCUBA
SUN   SUNTAN LOTION   SWIM

ROCKS II #1

```
J E U D Q N H U O J Q Q F M H I Z H P E
Y F M P X Q B K U J C W Z I E X E H O J
K N B C I E K O W P W V H V I L J I E G
V Y L O T X A U F Y S W G G E P N O B V
M C P D Q K F F B I J K C M I A O V R P
K S L C N V T M D X Z B Y Q Q A R D G S
P K R L E Z W D Z C A E D F T A K U T T
Z P V T G M M F S T Q B V X X B G M G K
I E O A T I Q E X W A L G O G T D F S M
R C E O M X A C L M U L L E G B S R B S
F C T P E K Y Y D P S N F N X O B C A S
W I P R Q K O L I V R R V C P D J G O U
N J T I D Q R A V T I E V O G I S E V A
U S F K Q M D U Y P J V T V Q S O M A R
J X T T W R P R A K R I T I R H F I L O
X E X L Y U H E N Q N G E C J A I L Y N
Q P W N X U E N S H U G A E L L A Y S I
K W K M L N V T H N V W G I A N A D S T
M W R H I P F X W C O N A K S H A Y A H
M V E T F H S P E T H A N C Y W F I N M
```

AKSHAYA	ALYSSA	DISHA
DIVYANSH	ELLA	EMILY
ETHAN	EVA	GIANA
JAILYN	LAUREN	PRAKRITI
RONITH	SOFIA	TEAGAN

MOTHER NATURE #1

```
K U P J W J U F V W Y G P Q L F Z V C B
Q J I G Z X T B G E Y V C M V R D G W L
A C B N F Z Y J H E G V F F B T U L D I
M K O H B G B A Y O C D P U A R T L Z Z
Y Z E Q D Q P X U X Z O K P X R H J P Z
G R I C R V Z L U K E Z O V V S Q B Y A
L L N S Y T V X W A R M W W E A T H E R
D U V O B A S C I C E T C F G M S A D D
S M F F C R A I N Y L S E A S O N X F A
V H D R O U G H T B O E U L E N O F Z X
A S R O N G Z L E S Y V I L A S W T B T
X H X S D K E B R E E Z Y E S O I O N K
E B O T I B R E X I P R F U O O N I X G
O W B B T O R N A D O E S L N N G J F L
F Q P I I U B X D X H R O K S M Z W S X
Y Z G T O Z K T N H H E H H T R X C X T
J V Y E N P F S R B K N P A J A D S G W
P X B Z S H O W E R S J Z A G A E K F E
W E Y N B D W C Q Y D Z X P U G W V P T
Z C O S W C F S B E G W M P E A L U Q J
```

BLIZZARD
DRY CONDITIONS
ICE
SEASONS
TORNADOES
BREEZY
FALL
MONSOON
SHOWERS
WARM WEATHER
DROUGHT
FROSTBITE
RAINY SEASON
SNOWING
WINTER

THE WARM MACHINE #1

```
F M I I X S W N A I Y Y V K K E E A O S
A B E W W W K A P K N T N Y T W N H B P
O W K W Y A A J I Q G E P V U I U S Z E
E C X G C I X X R W F I E L X X L S C V
P U L B P H D A N V A N Q X N Q N E B B
I I I R B G L W X N C E D G W X K R T S
G V E M G W Q O A M I T L G Z Q V C S G
T A D G V P F R N F K E Y R Y U P N L H
A S U U N B K W L H O B Z G W H H W B O
Q U Y Q I H G S T S D V F W G O M P U F
X B C V W H L A F N L E Y J H B A L T
F Y V P K I S C O T T B E C K X O U L C
L J T W C L A N S Z K F D R I Z Z L E C
L U T D X L Z F H W V T H A M E S U T D
R F Y X A I F O B P H I H I W Y H N S H
V O S L R A P T U R E P I G Z J A S O N
J P B E I M Z R X W A T C H E R D C S T
U D U J O W D Y M J V O I V N U O A O H
R V Z Z R K O V M D E N L U Z E W Q N I
K U K Q J A S E C O N D C O M I N G U M
```

BULLETS	CLANS	CRAIG
DRIZZLE	HEAVEN	JASON
PAUL	RAPTURE	SCOTTBECK
SECONDCOMING	SHADOW	THAMES
TIPTON	WATCHER	WILLIAM

UNDER THE SEA #1

```
Y G B J M F V E J E Q C J L N X G K G I
M A W P I R M N O S Z S I M D L K Q S K
O J W V E D A N G E R O U S F O X Y U N
B S H A R K S S M A L L M C A H J R I W
S T A R F I S H U L K N P P O P N C I F
A U L Y I L Q O H H P F F F I O F S R Z
F R E V S O U R D O L P H I N K G F R B
E T Z P H N I T X R A M K S R V F M A X
C L O N G T D E Q S U H A T L B V N I Z
B E A U T I F U L E X Z M V I S Z P B I
I H V X H A Q Q H S H U T T Y A F R O Q
G Z M S F U L I B E W B R X J R I M J T
F O Y A D H T E U E R D C F J G Y S R G
B S K J T Z Z M O I Y L P G A H P Q W E
J X E W U I E V U K N D U H Z T C A U X
B D L Z G V L F X I C U M O B P O R Y D
C P V Q Z P B C M E S T T B T F X X S I
P Y C B C Z D R K D Q H L M C M K B K U
H Q T I O N P A C W W V T C G O Z J M B
E X X Z N I P E R A K E H F T H X E A O
```

BEAUTIFUL	BIG	DANGEROUS
DOLPHIN	FISH	LONG
SAFE	SEA HORSE	SHARK
SHORT	SMALL	SQUID
STARFISH	TURTLE	WHALE

SEA CREATURES #1

```
W I N Y B L Q M E W H B Q Q G X T H I F
F X D A G C Q J J D J H L E K K O B M F
U C O R A L A G N W S E A Z T U R T L E
R C L O W N P F I S H I S O M Y H P B K
S R P R A W N P X S A Q E P C I W B E A
P A H O J A Y P I G R O U P E R K B A W
J B I E M E I K I L K W Z R W C S Z P R
G S N L D S C A Z W S U K D R K Z N B V
O V S E A X H O R S E G R P E M Q U X Q
W A B P N W M C W G P Z M T Y U J G X J
W N G H I E C G N N V V X N D P I J J B
R Q M A N A T E E S B H Q Q Y F T L J I
J P B N Y K Q A M X A F H B K L A C F Q
Y V S T A R F I S H X D P G E I D E A O
I M A L R I O F J V I D R L W R N N Z N
W W L S E A W C U C U M B E R S K E I P
U R J E L L Y F I S H N L I B A I J S V
E Z H A F T K X P T S L E P C T R Z Y Z
L M F L Y I N G W F I S H O Y T N A G L
R T Y Y Y Y P I O I C L A X X X T Z V A
```

CLOWN FISH	CORAL	CRABS
DOLPHINS	ELEPHANT SEAL	FLYING FISH
GROUPER	JELLYFISH	MANATEES
PRAWN	SEA CUCUMBERS	SEA HORSE
SEA TURTLE	SHARKS	STARFISH

ROCKS AND SOIL AND GENERAL #1

```
O N P V O T E S J H Q F L Z Y W J E A M
L V R O W C D J K C L X Y B U F U S Z K
A Z A O H M H F G O C V Z V P V R T S K
M L O D I A M O N D U R H Z D S K N L X
M V H K G G E T C B P C R C Z U H V R L
T O R V N A L A Y E R S S C H P P S E U
Y A S I E I T W C L E E H V Y P M A S G
E Q C A O N I H L I S D X Z K H E V P R
Q V Y Y U D N I E E S I M M B Z T O O M
S D V O S M G L K V U M O U N T A I N B
N Y U Y E J Q E E E R E U I M H M W S F
B R D Y N S Z E M H E N N X R E O W I Z
A F T A L D Y B U T A T U N Q M R J B X
V N A O M K H M B E C A U S E S P F I P
H G Q Y Q W K T B U P R W O X E H Z L L
O Q B E O V W B H D M Y J D S L I N I K
P A B Y Z D J N E L W A Z F Z V C C T V
V X R W F F V P V Y A Y M Z H E K B Y T
R T E N O C K K V L L J D E J S X U C Z
T T Y W V L J M V X C G F V Q R W O X P
```

AGAIN
BELIEVE
IGNEOUS
METAMORPHIC
RESPONSIBILITY

AWHILE
CYCLE
LAYERS
MOUNTAIN
SEDIMENTARY

BECAUSE
DIAMOND
MELTING
PRESSURE
THEMSELVES

ANSWER KEYS

ENVIRONMENT #1

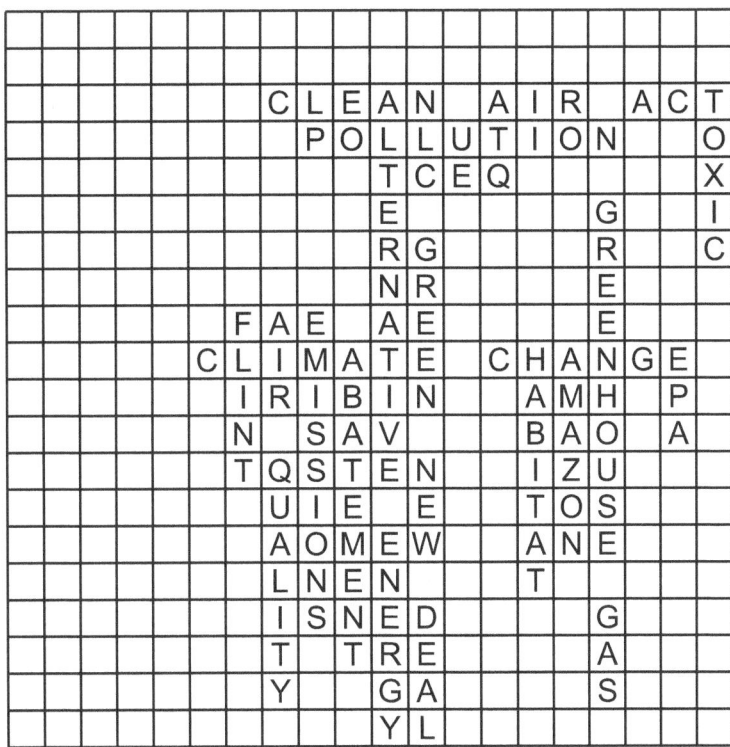

CLIMATE CHANGE #1

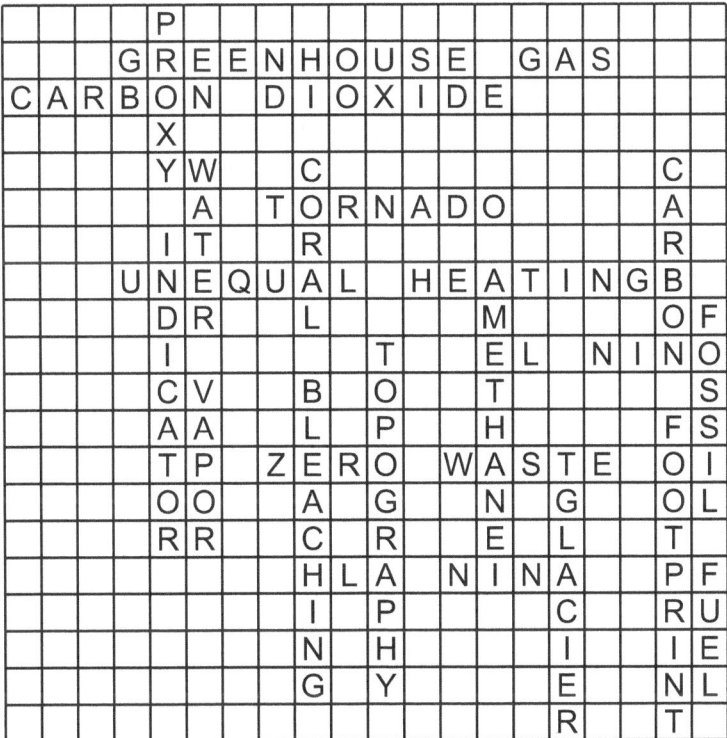

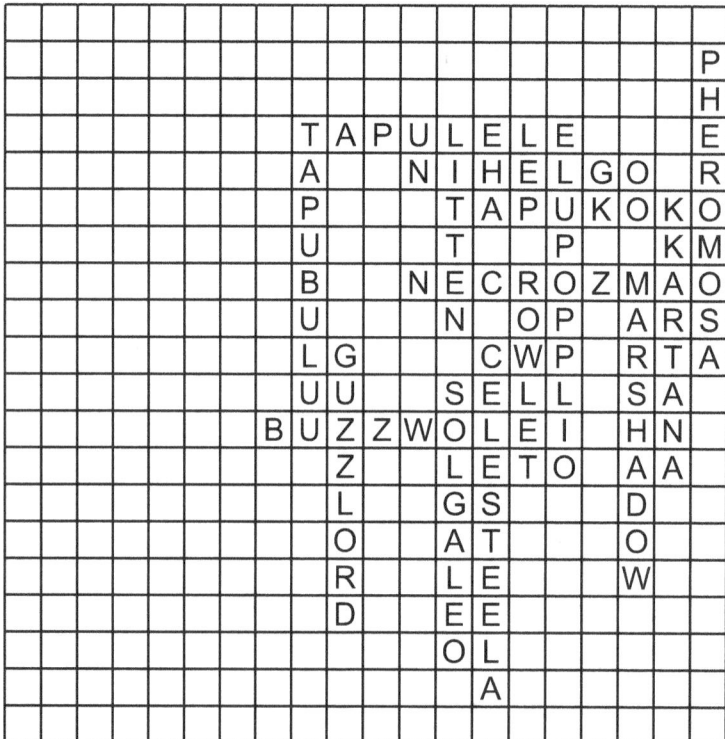

ACTS OF NATURE #1

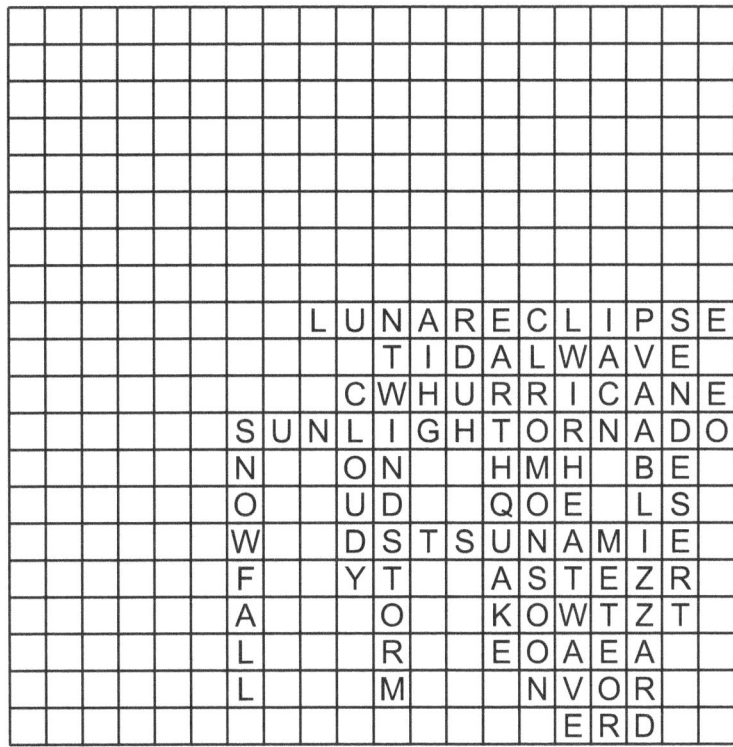

ENVIRONMENTAL SCIENCE #1

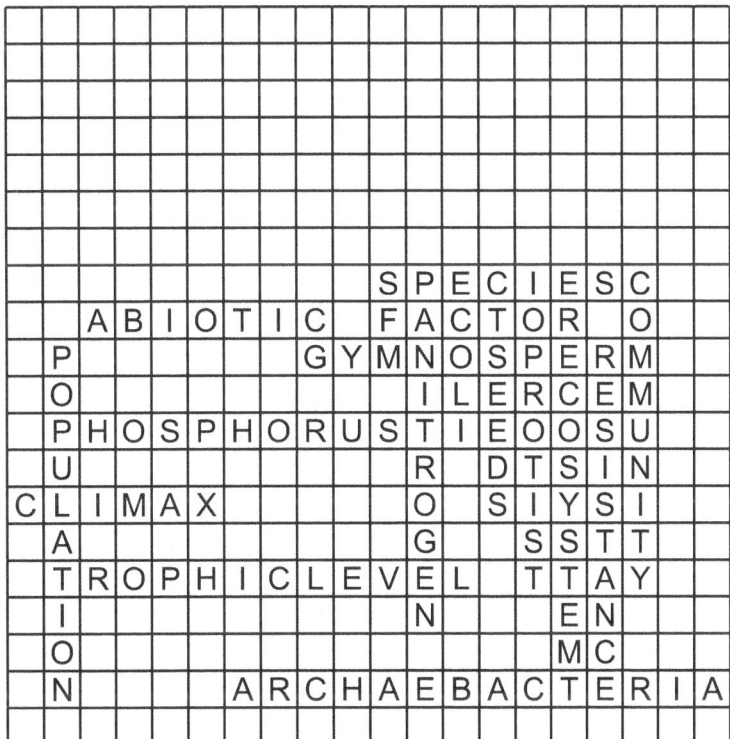

GLOBAL WARMING UPDATE #1

- ICEAGE
- LONGLIVED
- CONDUCTION
- DUST
- SHORTWAVE
- FLOURO
- FEEDBACK
- STRONGER
- MOB
- WARMER
- RADIATION
- BLANKET
- CARBON
- PHK
- CONVECTION
- NITROUSOXIDE

SOILS IN THE ENVIRONMENT #1

- CLAY
- SAND
- HUMUS
- WEATHERING
- ROCKS
- ACID RAIN
- PEBBLES
- CLAY
- SEDIMENTATION
- GRAVEL
- CRUMBLING
- LOAM

EXTREME WEATHER #1

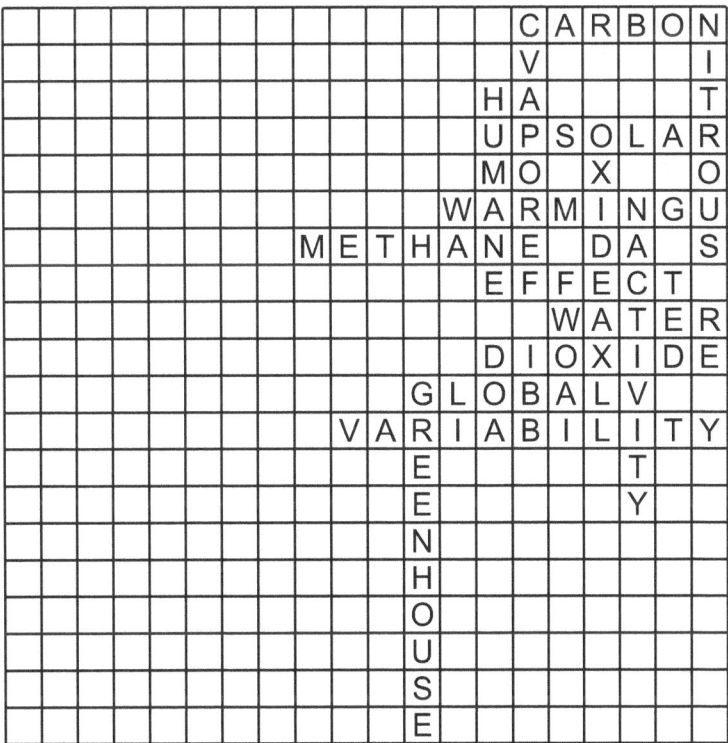

THE CAUSES OF CLIMATE CHANGE #1

WEATHER CHAPTER 8 #1

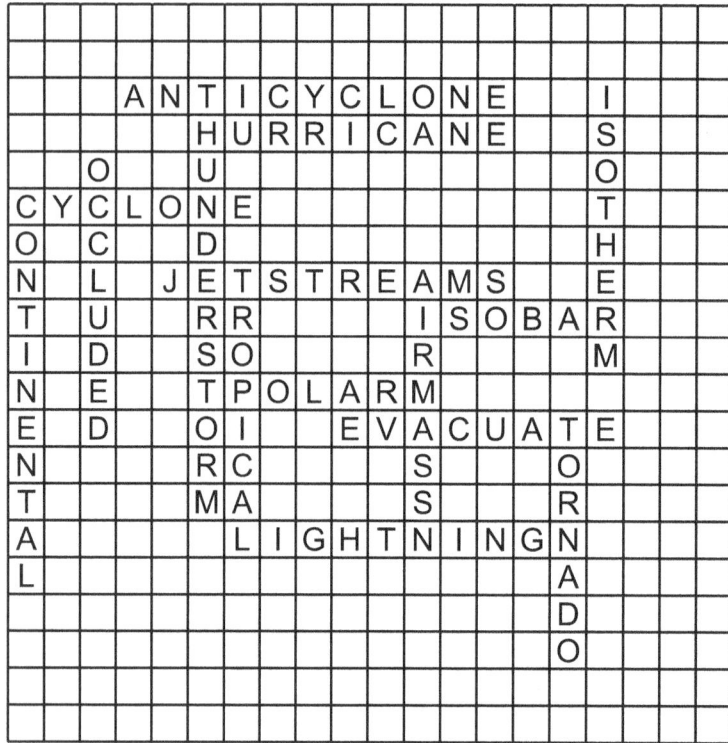

AS IN SNOW #1

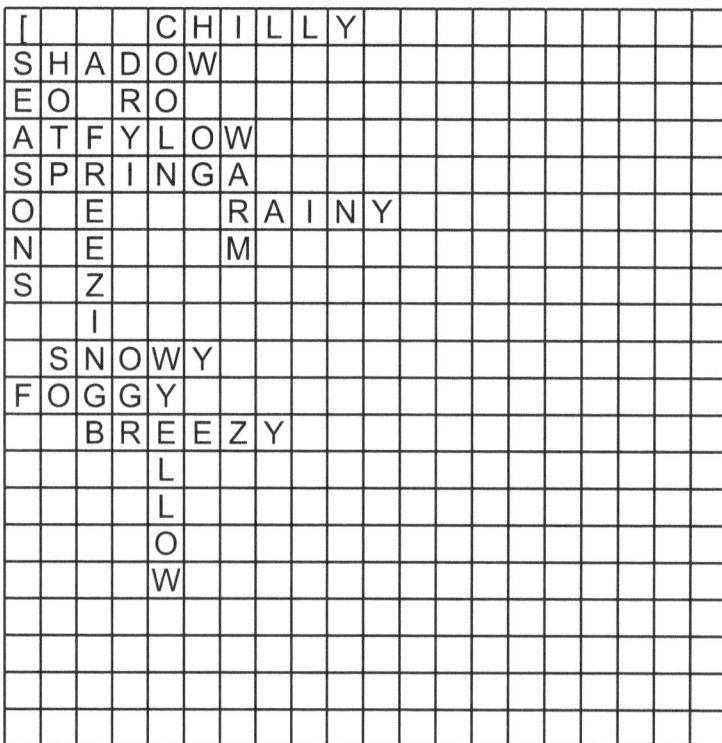

SUN #1

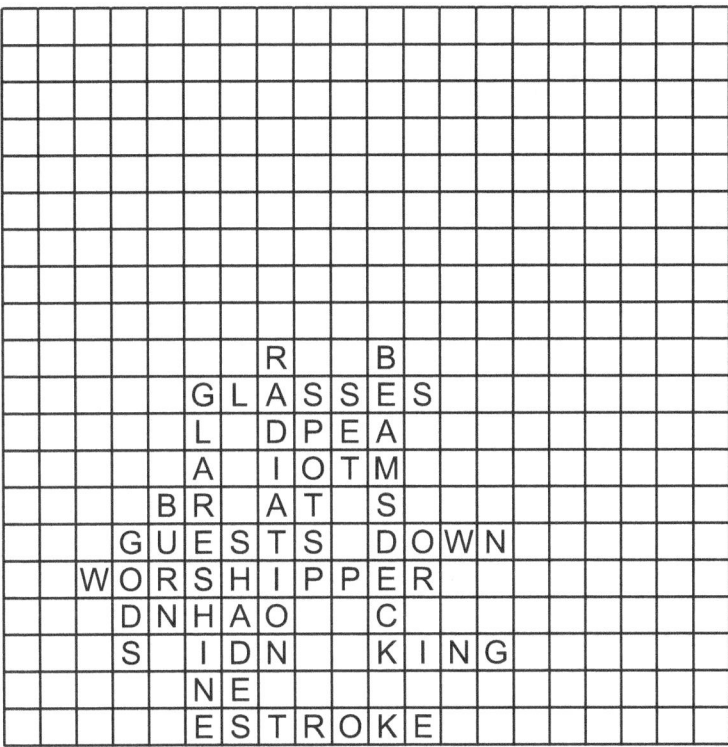

WEATHER WORDS #1

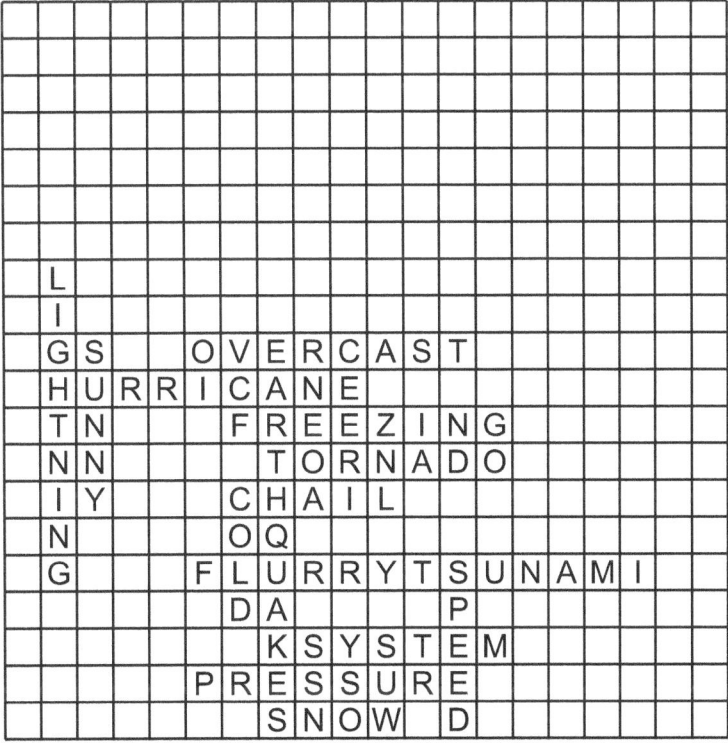

WINTER SNOW #1

FUTURE FLIPZ ROCKS #1

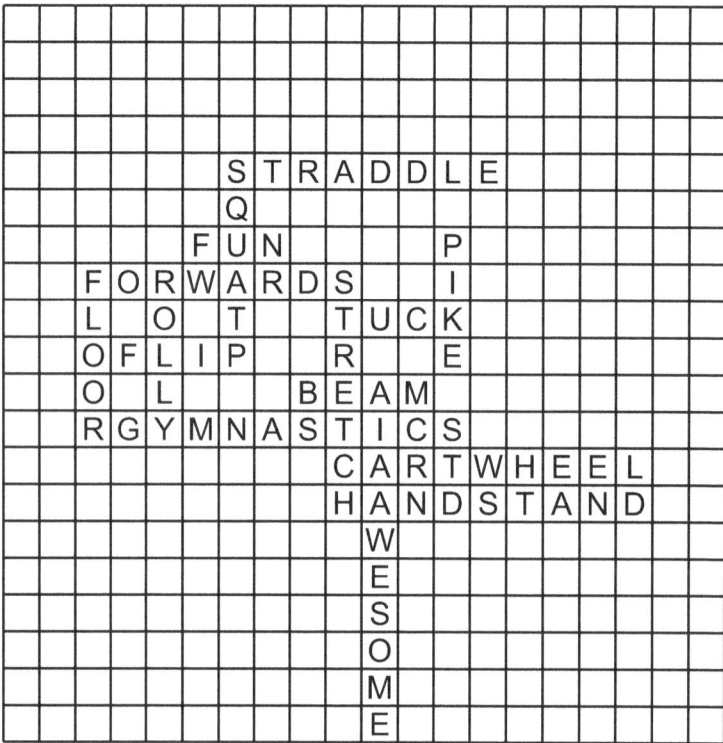

WEATHER #1

WAKE UP SUN #1

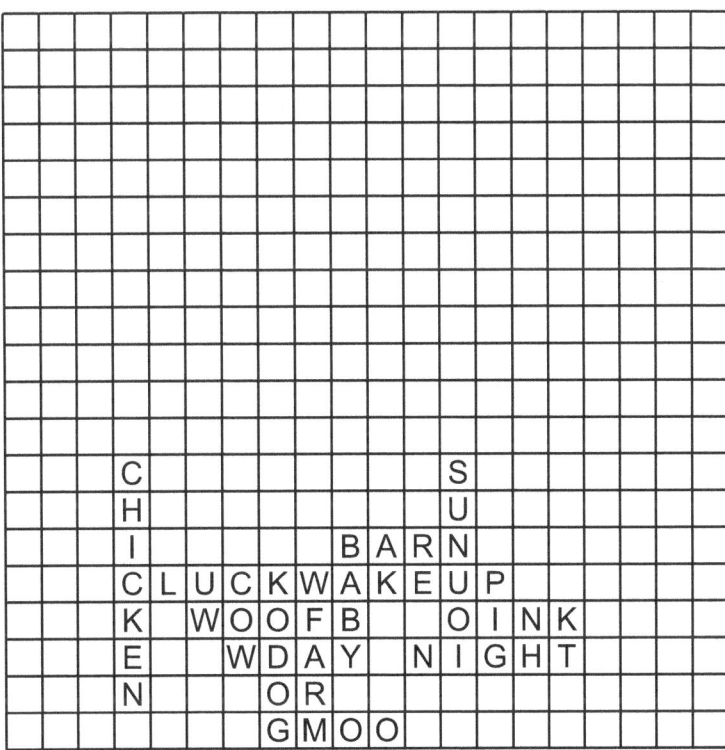

WEATHER TERMS #1

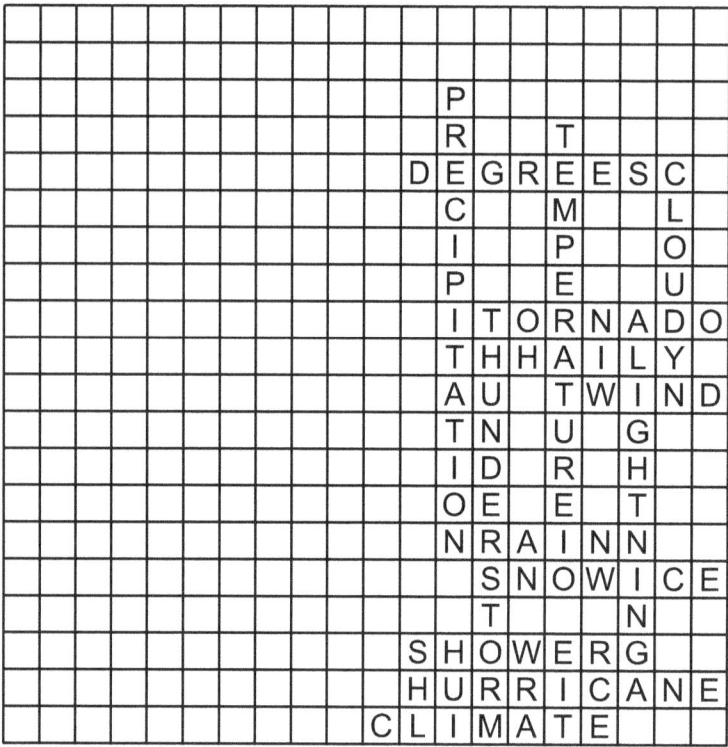

SUN SAFETY #1

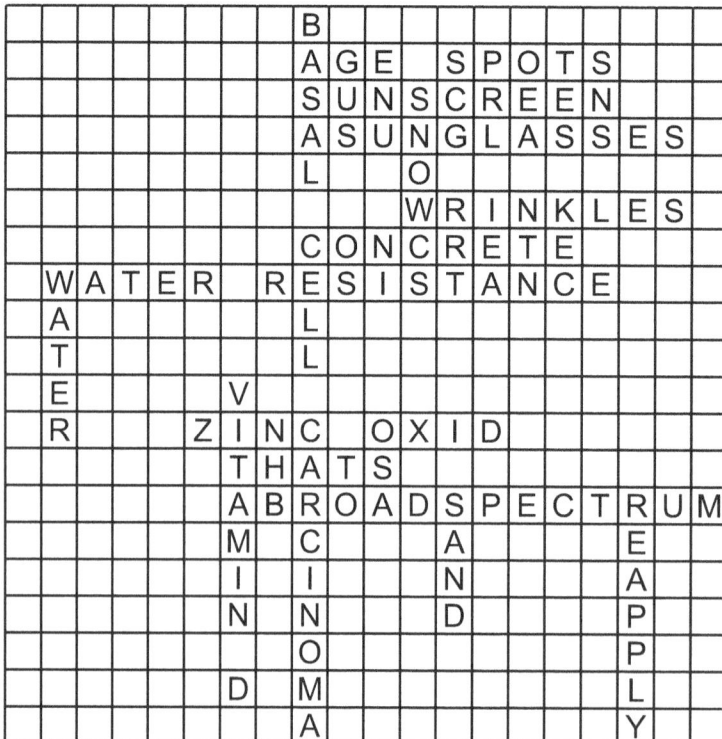

ALL ABOUT THE OCEAN #1

(word search grid with words: CORAL, SEAL, OCTOPUS, MERMAID, WATER, SQUID, WHALE, STARFISH, JELLYFISH, SHARK, SEAHORSE, SEAWEED, TREASURE)

OCEAN POLLUTION HUNT #1

(word search grid with words: LITTER, RIVER, LAKE, PLASTIC, WHALES, BAGS, TURTLE, FISH, RUNOFF, MICROPLASTIC, DEBRIS, etc.)

FUN IN THE SUN I #1

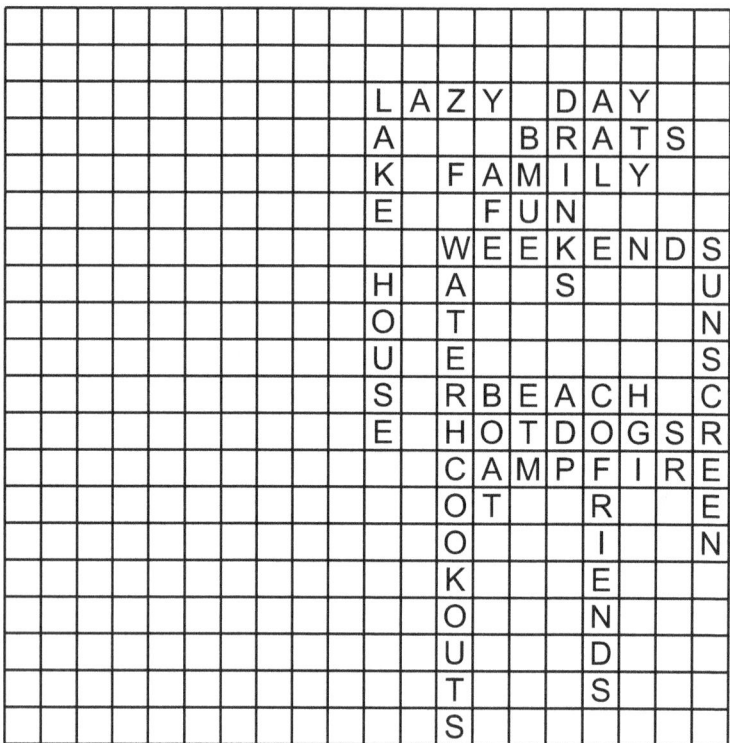

SUN MOON AND EARTH #1

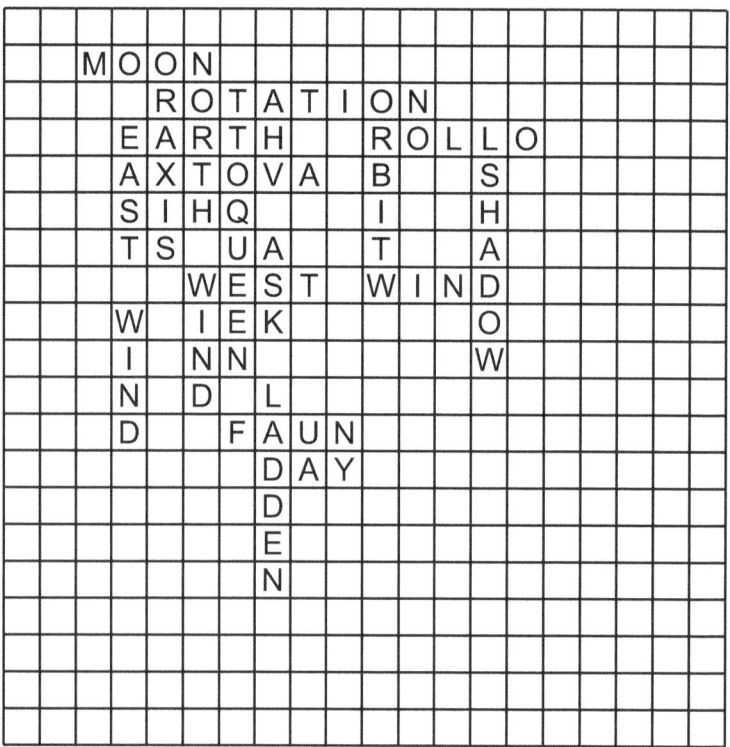

SEA MONSTER #1

SNOW TREASURE #1

OCEAN #1

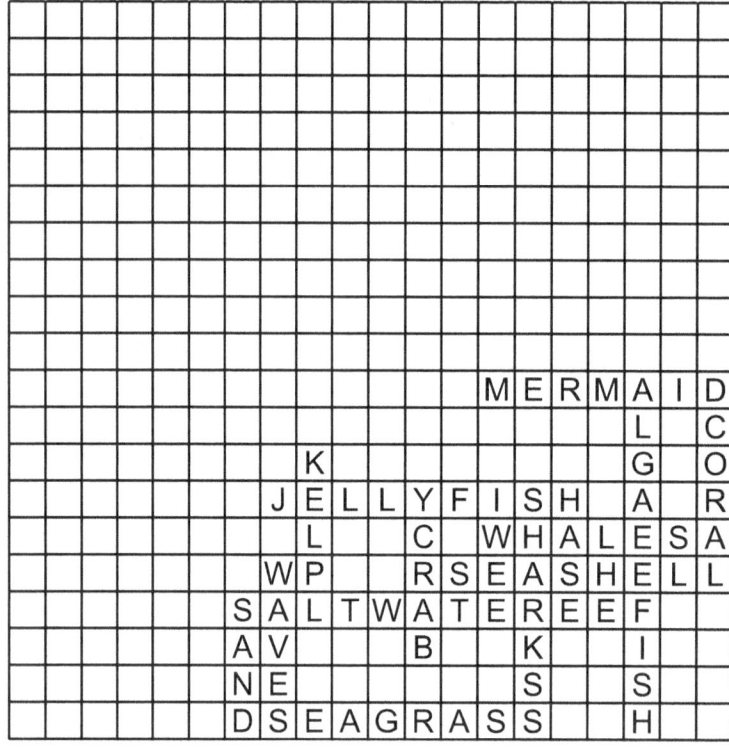

PACIFIC OCEAN #1

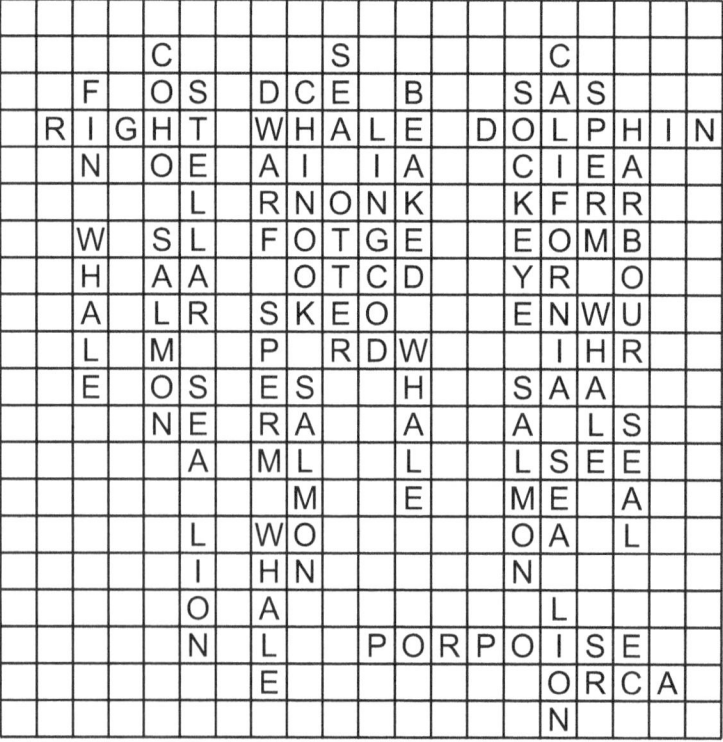

NATURE #1

- BUTTERFLIES
- TWIGS
- LIGHT
- TEETH
- TREES
- NUTS
- RAIN
- RIVER
- ROCK
- BIRDS
- LEAVES
- SUNSHINE
- THUNDER
- BUSHES
- BERRIES

RAIN FOREST #1

- CANOPY
- SLOTHS
- CLIMATE
- BANANAS
- SPECIES
- REPTILES
- RAIN
- TREES
- HUMID
- MOSQUITO
- WET
- HABITAT
- BUTTERFLIES
- SHADE

PB18 NATURE AND OUTDOOR #1

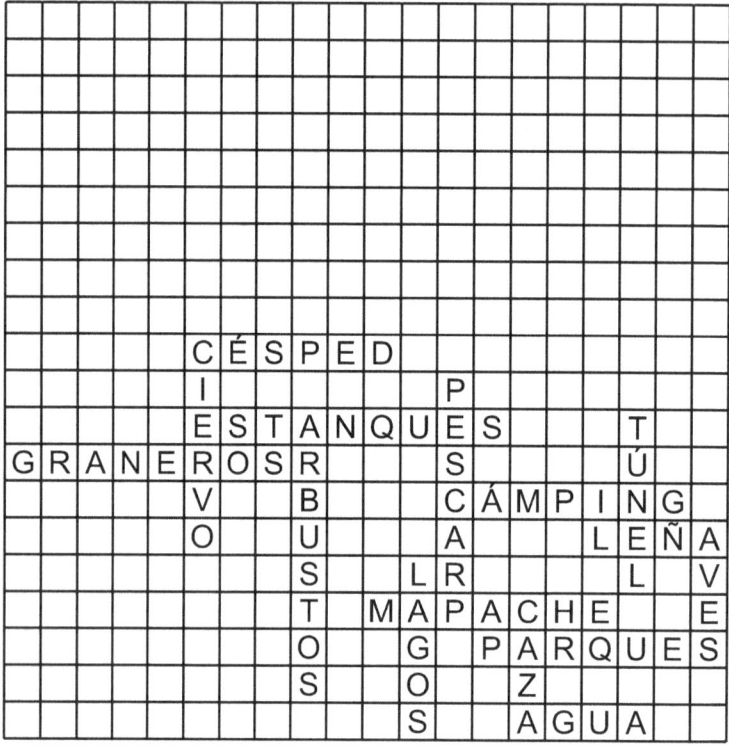

SNOW LEOPARDS #1

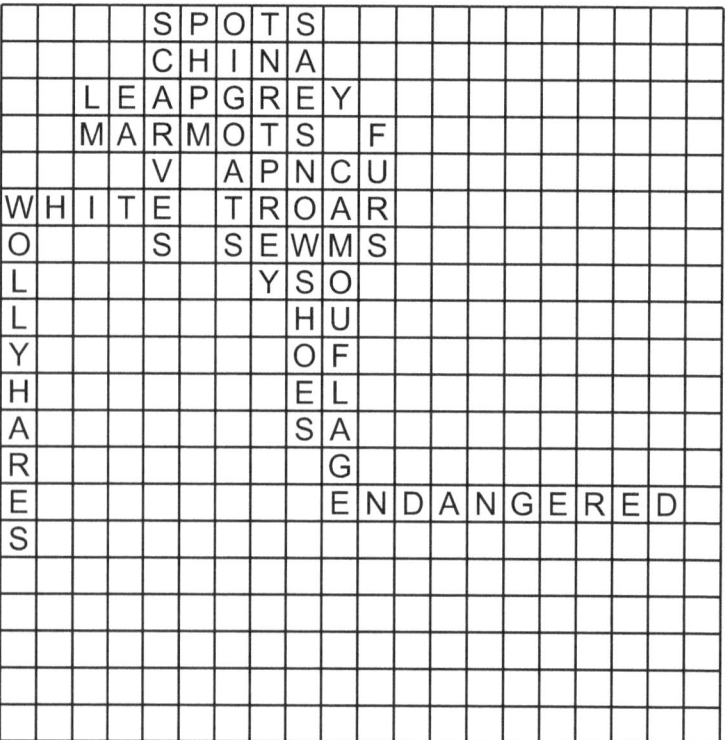

THE SNOW DAY FROM THE BLACK LAGOON #1

BIOME #1

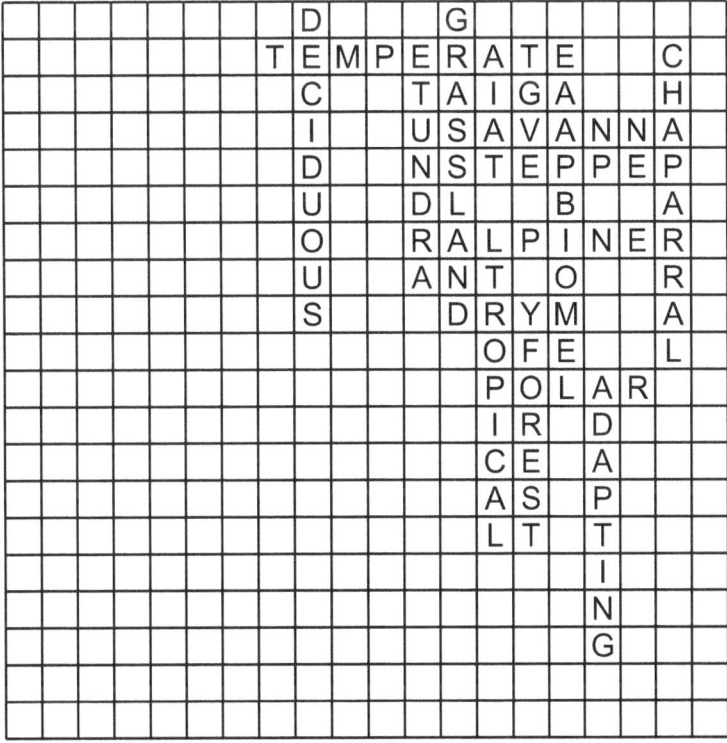

SNOW MUCH FUN #1

					B	O	O	T	S										
J	O	Y	F	U	L														
				J	I	N	G	L	E		B	E	L	L	S				
					Z														
					Z														
				C	A	N	D	L	E			C	O	O	K	I	E		
G	I	N	G	E	R	B	R	E	A	D		H	O	U	S	E			
	C			L	D					E		I	R		L				
	E			V						C		M	N		E				
				E						O		N	A		I				
	S			S						R		E	M		G				
	K									A		Y	E		H	O	L	L	Y
	A									T			N						
	T									E			T		B				
	E												S		E				
	S	C	R	O	O	G	E								L				
															L				
															S				

NUTRITION AND ENERGY FLOW IN THE ENVIRONMENT #1

				S	C	A	V	E	N	G	E	R							
					E														
		N			L														
		I			L														
		T			U														
		R			L	P							C					A	
		O			A	R	U	N	O	F	F		O					B	
		G			R	E							N					I	
		E			R	C					R		D					O	
		N		C	E	I					E		E			D		T	
		F		A	S	P	H	O	T	O	S	Y	N	T	H	E	S	I	S
		I		R	P	I			F		E		S		A	C		C	
		X		B	I	T			O		R		A		B	O		F	
E	V	A	P	O	R	A	T	I	O	N	V		T		I	M		A	
		T		N	A	T			D		O		I		T	P		C	
		I		C	T	I			C		I		O		A	O		T	
		O		Y	I	O			H		R		N		T	S		O	
		N		C	O	N			A							E		R	
				L	N				I		A	U	T	O	T	R	O	P	H
				E					N										

SEA TURTLES PROTECTION #1

```
            F E M A L E
      C O N S E R V A T I O N
        O L I V E     R I D L E Y
        H A W K S B I L L
      P A       U G N       M   P
L E A T H E R B A C K R R E P T I L E
        O I T     V E   R A G   L
        T T       I E H E X R   A
        E A       V N A D O A   G
        C T       A   B A N T   I
        T         L   I T O I   C
        I             T O M O
        O             A R Y N
        N             T S
```

WEATHER TRACKING #1

```
  B
H A I L
  R A I N
  O Z O N E   L A Y E R
  M     W
  E   V I S I B I L I T Y
  T S   N       C
  R U   D R I Z Z L E
W I N D   G U S T O
  C S   C     E U
    H   H     M D
P   I   I     P
R   N   L     E C
E   E   L     R O
    S U N B U R N A V
    S N O W       T E
H U M I D I T Y   U R
  R A D A R       R
  E               E
```

THE WORLD OUT THERE #1

OCEAN ANIMAL WORD SEARCH #1

THE RED SEA #1

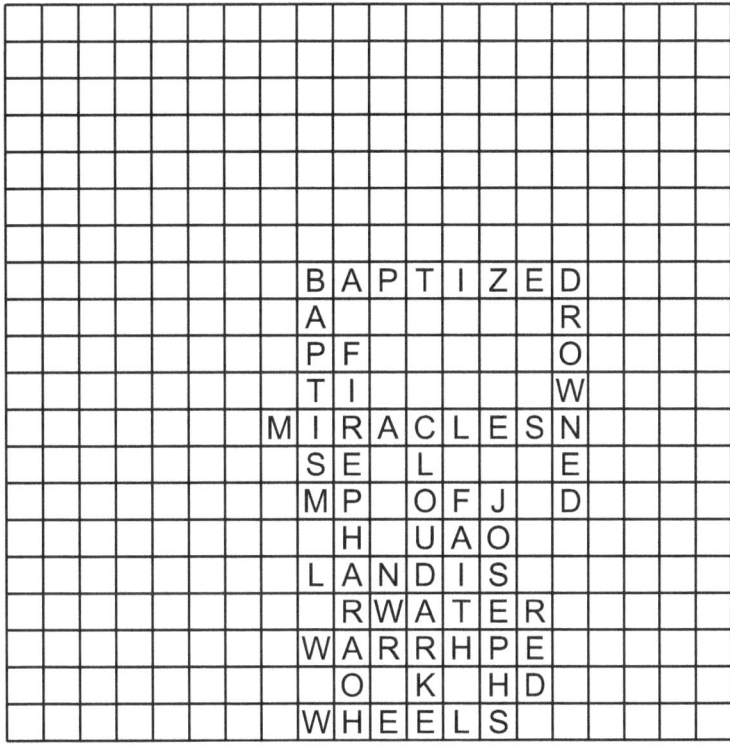

ROCKS #1

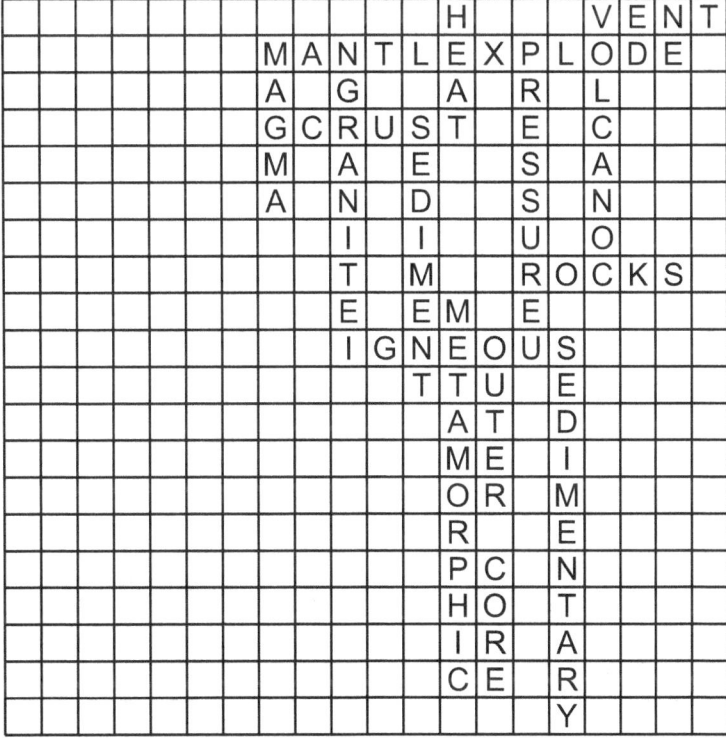

SNOW DAY FUN #1

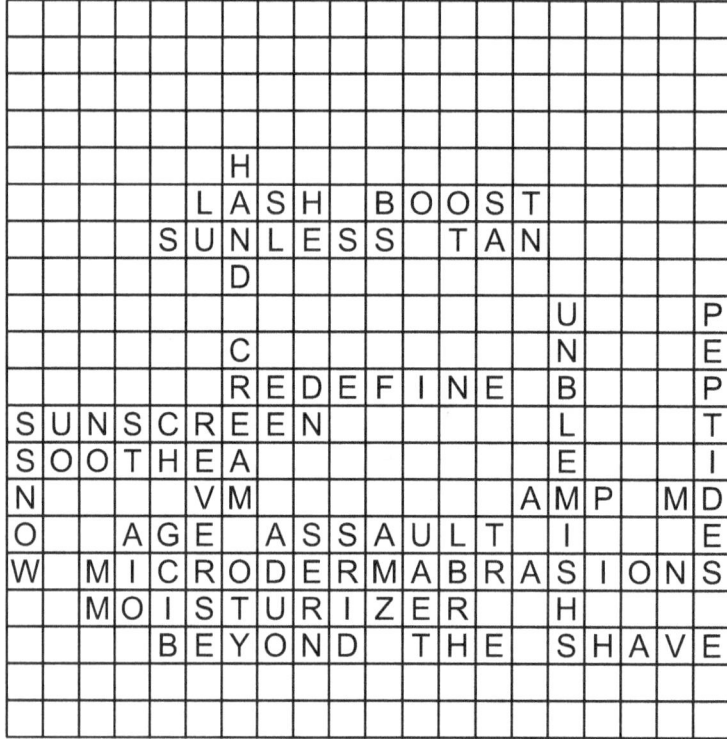

FUN IN THE SUN II #1

ROCKS II #1

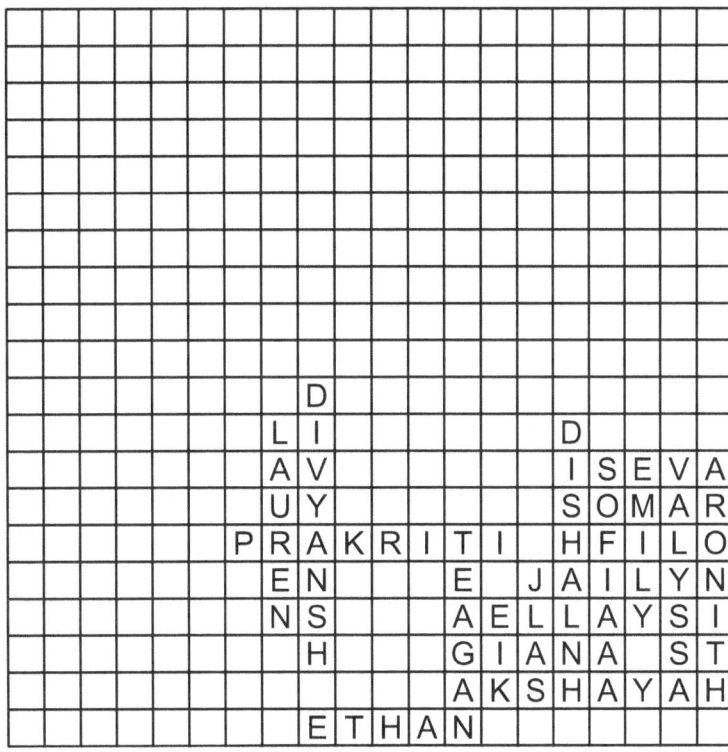

MOTHER NATURE #1

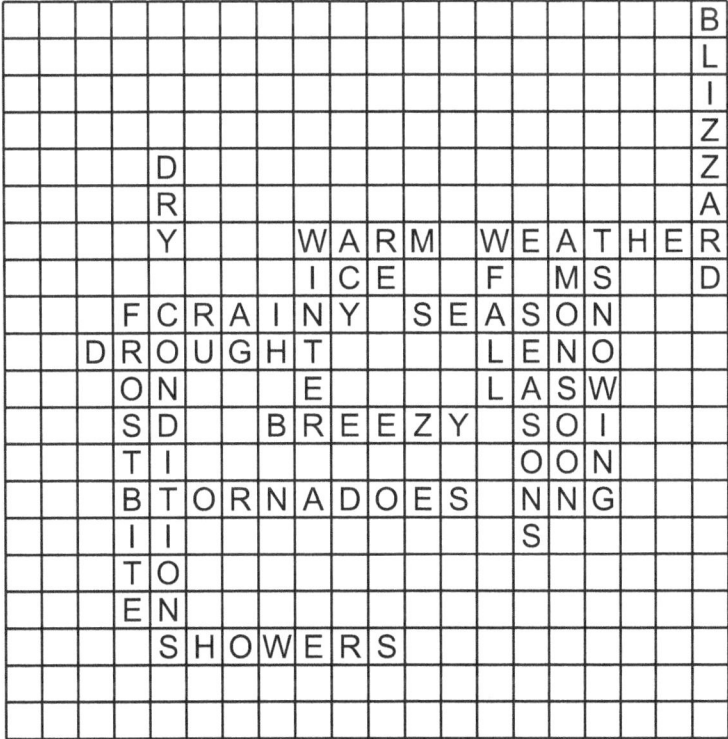

THE WARM MACHINE #1

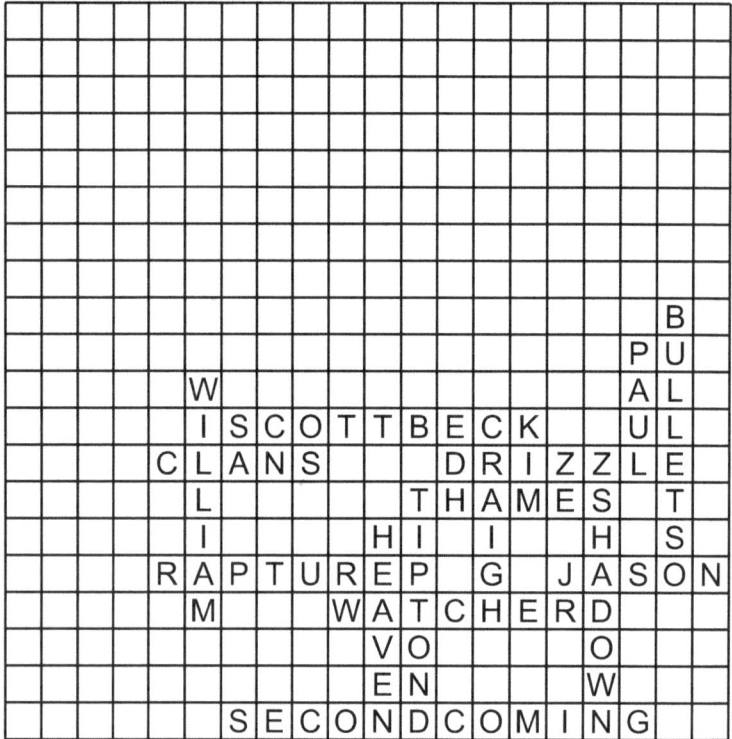

UNDER THE SEA #1

SEA CREATURES #1

ROCKS AND SOIL AND GENERAL #1